Romana Echensperger
Master of Wine

VON WEGEN LEICHT UND LIEBLICH

Das ultimative Weinbuch nur für Frauen

Mit einem Vorwort von
Iris Berben

CHRISTIAN

INHALT

Vorwort 6

1 GEDANKEN VORAB 8
Von wegen leicht und lieblich! 10
Die Gestaltung macht den Unterschied! 12
Ein Blick in die Geschichte 15

2 AUFRÄUMAKTION! SCHLUSS MIT DEN WEINMYTHEN 18
Wo finde ich den richtigen Wein für mich 20
Kork oder Schraubverschluss 25
Mythos Glas 28
Der Werkzeugkasten rund um das Thema Wein 30
Wein richtig pflegen 32
Wein verkosten 35
Die besten Geschenktipps rund um das Thema Wein 38
Biologischer Anbau 41
Veganer Wein 46
Hässliche Entlein, Schmuddelkinder 49

3 DIE WICHTIGSTEN REBSORTEN & WEINSTILE 52
Weinland Deutschland 54
Tu Felix Austria 66
Ah, Bella Italia! 72
Olé! Vino Tinto, Vino Blanco! 83
Vive la France! 86
Mein Israel 100
Was gibt's Neues in der Neuen Welt? 105
Alles was prickelt 106
Klischee Rosé? 115
Likörwein 118

4 WELCHER WEIN ZU WELCHEM ANLASS? — 122
Anlässe gibt es viele! — 124

5 TOLLE WEINFRAUEN — 148
Lisa Bunn — 150
Dr. Claudia Stein-Hammer — 152
Andrea Wirsching — 154
Fongyee Walker — 160
Lena Endesfelder — 162
Margareth Henriquez — 166
Sarah Henke — 170
Susanne Wolf — 174
Yumi Tanabe — 176

6 ANHANG — 180
Wein und Gesundheit — 182

Glossar — 184
Dank — 188
Impressum — 190

VORWORT

VON IRIS BERBEN

Als ich zum ersten Mal hörte, dass Romana Echensperger ein »Weinbuch nur für Frauen« schreibt, habe ich mich kurz gefragt, ob wir Frauen das wirklich brauchen. Sind wir in Sachen Wein nicht längst auf dem Level der Männer angekommen? Wir wissen schließlich schon lange, welche Weine uns schmecken.

Dann habe ich ein wenig darüber nachgedacht. Allein der Titel »Von wegen leicht und lieblich« ist die Essenz meiner eigenen Leidenschaft für Wein. Ich trinke süßen Wein höchstens einmal zu einer *foie gras*, sonst aber gebe ich kräftigen, ausdrucksstarken, auch herben Weinen den Vorzug – egal ob weiß oder rot. Mit den Weinen ist es wie mit den Menschen: Ich liebe die mit Charakter!

Wein gehört für mich untrennbar zu gutem Essen – Wein bedeutet Genuss, Sinnlichkeit, Kultur. Mit diesem Verständnis bin ich aufgewachsen: Als ich zwölf Jahre alt war, zog meine Mutter mit mir nach Portugal, dort habe ich ganz selbstverständlich erfahren, dass Wein zur (Ess)Kultur gehört. Diese Erfahrung hat mich bis zum heutigen Tag geprägt – ein Essen ohne Wein ist kein richtiges Essen. Wenn ich Freunde einlade, überlege ich genau, was ich koche und welche Weine wir dazu trinken. Welche Weine meine Gäste gerne trinken, spielt dabei natürlich eine wichtige Rolle. Ich selbst mag Riesling nicht so gerne, doch wenn ein guter Freund – der ein Rieslingfan ist – zu Gast ist, dann gibt es natürlich auch Riesling.

Zum Ausgehen gehört Wein ebenso dazu. Das hat nichts mit Betrinken zu tun. Ich wähle meine Weine selbstbewusst: Ich greife lieber selbst zur Weinkarte, bevor ich es riskiere, dass jemand mittelmäßigen Wein für mich bestellt. (Schon Goethe wusste: Das Leben ist viel zu kurz, um schlechten Wein zu trinken.) Romana Echensperger ist Sommelière – das ist einer der schönsten Berufe der Welt. Eine gute Sommelière (oder ein guter Sommelier) kann jederzeit einen schlechten Gesprächspartner ersetzen. Ich liebe es, der Sommelière zu erzählen, welche Weine aus welchen Regionen ich mag, wie meine Vorlieben sind, und sie (oder in vielen Fällen immer noch er) daraus schließt, welche neuen Weine mir schmecken. So lasse ich mich inspirieren und verführen, und kann großartige Neuentdeckungen machen. Denn die teuersten Weine sind nicht unbedingt die besten. Wer einfach den teuersten Wein auf der Karte bestellt, ist in meinen Augen kein Weinkenner und er hat keine Fantasie. Die ist aber wichtig, wenn man sich verführen lassen will …

So brauchen wir doch ein »Weinbuch nur für Frauen« – weil es großartig ist, wenn die Kunst der Wein-Verführung von einer Frau für Frauen zelebriert wird. Und weil wir nicht mehr darauf warten wollen, dass uns die Männer (reinen) Wein einschenken. Denn beim Wein ist es wie in vielen anderen Bereichen des Lebens auch: Für uns Frauen – zuvor unterschätzt, belächelt, ausgegrenzt – ist es ein unglaublich gutes Gefühl, sich trotz aller Vorurteile auf Augenhöhe mit den Männern heraufzuarbeiten. Das ist dann eine gute – oder genau die richtige – Höhe. Es lebe die Emanzipation der weintrinkenden Frau!

KAPITEL 1

GED
ANK
EN

VORAB

VON WEGEN LEICHT UND LIEBLICH!

WARUM WIR FRAUEN EIN WEINBUCH BRAUCHEN

Warum sollte man ein Weinbuch nur für Frauen schreiben? Schließlich sind Frauen hierzulande emanzipiert und haben frühere Männerdomänen, wie die Weinwelt, längst erobert. Ob als Konsumentin, Weinkritikerin, als Winzerin, die den elterlichen Betrieb übernimmt, als Sommelière in den besten Restaurants, als Vorstandsvorsitzende internationaler Getränkekonzerne oder als politisch aktive Funktionärin, die Einfluss auf die Gesetzgebung zum Thema Wein nimmt – Frauen haben mittlerweile einen selbstverständlichen Platz in der Weinwelt. Warum brauchen wir also ein Weinbuch nur für Frauen?

Weil Frauen in Bezug auf Wein eben doch etwas anders ticken als Männer. Dabei wird zu viel Augenmerk auf manches Klischee gelegt. So meinen viele, Frauen würden nur lieblich und leicht trinken oder wären das einzige Geschlecht, das Roséweine genießt. Mitunter wird das auch noch mit lustigen anthropologische Begründungen erklärt. So wird in einem Marketingbuch geschrieben, dass es die weiblichen Urängste vor Schmutz und Übergewicht sein sollen, die uns zu weißen und leichten Weinen greifen lassen. Hinzu kommen die häufig verwendeten Weinbeschreibungen wie »feminin« und »maskulin«, um den oft schwer zu greifenden Geschmack von Wein in Worte zu kleiden. Wobei »maskulin« dann für die ernst zu nehmenden Weine verwendet wird. Die, die über mehr Gerbstoff, Struktur, Kraft und Lagerfähigkeit verfügen, sind demnach eher »männlich«, während die duftigen, leichten und harmonisch schmeckenden Weine als Frauenwein assoziiert werden.

Tatsächlich gibt es den kleinen Unterschied in der Geschmackspräferenz zwischen Frau und Mann. Er fällt aber bei Weitem nicht so drastisch aus, wie es die Klischees vermuten lassen. So zeigt nicht nur eine neue Studie der renommierten deutschen Wein-Hochschule Geisenheim, dass Frauen statistisch gesehen zwar etwas mehr zu Weiß- und Roséwein tendieren, während Männer mehr zu Rotwein greifen. Ebenso sind es hauptsächlich Frauen, die lieblichen Weine mögen. Allerdings gibt es auch viele Frauen, die wie die Männer dem trockenen Geschmack den Vorzug geben. Ob lieblich oder trocken hängt nämlich auch mit dem Alter und vor allem damit zusammen, wie oft man Wein trinkt. Je mehr sich Frau oder Mann mit Wein beschäftigen, informieren und Verschiedenes ausprobieren, umso mehr schätzt sie oder er trockene Weine. Die Erzählung vom jungen Weineinsteiger, der mit pappsüßen und billigen Asti Spumante auf Studentenpartys anfängt, sich durch die Weinwelt trinkt und dann irgendwann beim feinsten und teuersten Pinot Noir aus dem Burgund landet, ist ausnahmsweise mal kein Klischee. Sie gilt jedoch für Männer ebenso wie für Frauen.

Was Frauen vom Wein wollen

Für alle Weinfreunde sind beim Weineinkauf erwiesenermaßen die Geschmacksrichtung, der Preis, die Rebsorte und das Herkunftsland entscheidend. Hingegen ist laut Studie weder für Frauen noch für Männer der Alkoholgehalt beim Einkauf wichtig. Wer uns Frauen deshalb beim Weingenuss nur in die »Leicht und lieblich«-Schublade steckt, liegt definitiv falsch.

Viel wichtiger ist der Unterschied zwischen den Geschlechtern, wenn es um den Umgang mit Wein geht. Frauen sind nun mal viel pragmatischer, und dennoch emotionaler. So zeigen Studien, dass

Frauen genießen Wein gerne zu besonderen Anlässen, um Erinnerungen zu schaffen

Männer den Weineinkauf oftmals als samstägliches Freizeitvergnügen ansehen. Dass sie gerne in den Fachhandel gehen oder gleich ein Weingut besuchen. Frauen hingegen erledigen ohnehin die wöchentlichen Lebensmitteleinkäufe im Supermarkt und nehmen den Wein dort gleich mit. Weshalb im Lebensmittelhandel der Großteil der Weine von Frauen in den Einkaufskorb gelegt wird. Frauen empfinden es als geselliger, Wein gemeinsam mit anderen sowie zu besonderen Anlässen zu trinken. Und sie verschenken Wein gerne. Außerdem sind Frauen von Natur aus die besseren Verkoster, das belegen mehrere Studien. So können Frauen mehr Aromen unterscheiden und diese schneller identifizieren, machen aber weniger Aufhebens darum. Männer mögen es hingegen, über Wein zu reden, sich anhand von Bewertungen und Weinführern im Angebotsdschungel rational zu orientieren, und ihnen ist das Image einer Marke wichtiger.

Mit anderen Worten: Frauen können besser riechen und schmecken – und der Weingenuss dreht sich mehr um soziale Erfahrungen und die Geschichten rundherum. Frauen teilen Wein gerne mit Freunden und Familie, während Männer Wein auch gerne mal sammeln und als Statussymbol verwenden, um andere zu beeindrucken. Frauen hingegen genießen Wein einfach zu besonderen Anlässen, um Erinnerungen zu schaffen.

Aus diesem Grund wollte ich ein Frauenweinbuch schreiben und dabei auf weibliche Ansichten Rücksicht nehmen. Ich möchte Sie fundiert, aber unterhaltsam über Wein informieren, Ihnen die wichtigsten Kniffe im Umgang mit Wein zeigen, überflüssiges Expertengeschwätz entlarven, Ihnen die am weitesten verbreiteten Rebsorten vorstellen und näherbringen, und ihnen Weintipps zu besonderen Anlässen sowie für Ihren persönlichen Weinalltag geben.

Aber am wichtigsten ist es mir, Ihnen so richtig Lust auf Wein zu machen. Ich möchte Sie zum Experimentieren ermuntern und schon beim Lesen die Vorfreude auf ein gutes Glas Wein steigern.

DIE GESTALTUNG MACHT DEN UNTERSCHIED!

WEINETIKETTEN NUR FÜR FRAUEN

Mehrere Studien belegen, dass für Frauen beim Weineinkauf die optische Gestaltung und ein emotionales Design des Etiketts besonders wichtig ist. Nachdem es viel mehr Männer als Frauen gibt, die gar keinen Wein trinken, ist der weibliche Anteil unter allen Weinkonsumenten deutlich höher. Wir sind also für das Weingeschäft das wesentlich bedeutendere Geschlecht! Und darum ist eine feminine Etikettengestaltung ein ganz wichtiges Thema geworden. Wir fliegen auf kreative, witzige und bunt gestaltete Etiketten, während uns dicke Mönche, langweilige Logos, gediegene Wappen und einfarbige Tristesse auf den Flaschen eher kalt lassen.

Hier ein paar schöne Beispiele …

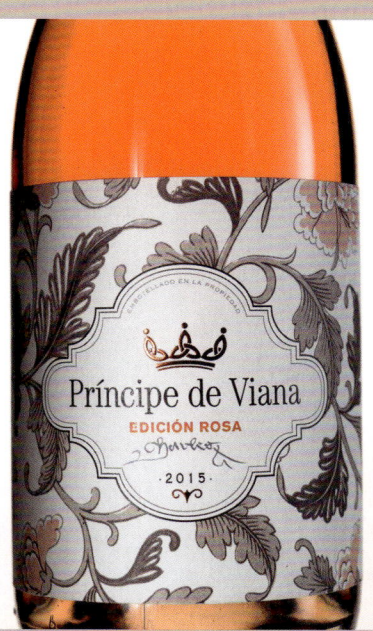

Die Gestaltung macht den Unterschied

EIN BLICK IN DIE GESCHICHTE

FRAUEN UND WEIN – EINE BESONDERE BEZIEHUNG

Kein anderes Getränk ist kulturell so aufgeladen wie Wein. Denn Wein ist das edelste Produkt, das die Landwirtschaft erzeugen kann. Wein ist wie Kunst oder Musik – man braucht ihn nicht zum Überleben, aber er ist ein genuiner Ausdruck von menschlicher Kultur. Wie kein zweites Lebensmittel kann Wein im Geschmack seine Herkunft zeigen, seinen Jahrgang und den Ort, an dem er gewachsen ist. Wein kann in seinem Geschmack zum Ausdruck bringen, welchen Einfluss der Mensch, der ihn bereitet hat, auf ihn ausübte. Dabei ist Wein wie kein zweites Produkt aus der Landwirtschaft lagerfähig, und zeigt so eine große Bandbreite an Qualitäten. Kein Fruchtsaft außer Traubensaft verfügt nach der Vergärung über eine derartige geschmackliche Vielschichtigkeit. Kein Wunder, dass Wein aus Trauben als Ausdruck einer Metamorphose schon immer einen Platz in religiösen Riten hatte. Hinzu kommt natürlich auch die Rauschwirkung von Alkohol, die schon den alten Ägyptern diente, um eine höhere Form der Spiritualität zu erreichen. Wein hat als fester Bestandteil in der Eucharistiefeier und dem Sabbat einen festen Platz im Christentum und Judentum.

Frauen unerwünscht

Dass Frauen vom Weingenuss praktisch lange ausgegrenzt waren, lag am traditionellen Rollenverständnis, physischen Eigenschaften und sozialen Stereotypen. Während bei Männern Wein und seine Rauschwirkung mit Freundschaft, Kameradschaft, Genuss, Kennerschaft, gesellschaftlichem Status und Stärke assoziiert wurde, galten trinkende Frauen als liederlich und unschicklich. Gerade die Weinkennerschaft mit ihrem geheimen Wissen sowie sprachlichen und verhaltenstechnischen Codes war reserviert für die Oberschicht. Der sichere Umgang mit Wein erforderte Selbstbewusstsein, Wissen und rhetorische Fähigkeiten. Damit besiegelte man die Zugehörigkeit zur besseren Gesellschaft oder zu einem Club. Frauen waren da nicht erwünscht.

Bis heute gelten diese geschlossenen Männerrunden, in denen nach der Arbeit bei einem Glas Wein oft die wirklich wichtigen Dinge besprochen und beschlossen werden, als bedeutendes Karrierehindernis für Frauen. Außerdem will man(n) die Frauen nicht dabeihaben, wenn der Alkohol die Stimmung und die Zungen löst und der ein oder andere, sagen wir mal, politisch unkorrekte Witz erzählt wird oder jemand aus der Rolle fällt.

Doch die Weinwelt hat sich in den letzten fünf Jahrzehnten stark gewandelt. So war früher edler und wirklich wohlschmeckender Wein aufgrund seines Preises nur der Oberschicht vorbehalten. Denn nur in den besten Lagen und in den Händen der besten Winzer entstand in begrenzten Mengen exzellenter Wein. Immer auch in Abhängigkeit vom jeweiligen Jahrgang. Einfache Weine waren damals wohl eher wegen des Alkoholgehaltes und der Rauschwirkung geschätzt als für seinen feinen Geschmack. Wissen, Kennerschaft und ein gewisses Budget waren also wichtig, um einen richtig guten Wein kaufen zu können.

Technische und soziale Fortschritte

Erst nach dem Zweiten Weltkrieg gab es so viele Entwicklungen, Erfindungen sowie Forschung rund um das Thema Weinbau und Kellertechnik, dass es heute möglich ist, Wein in großen Mengen zuverlässig und zudem auch preiswert herzustel-

Romantische Stimmung in der Champagne – die Arbeit im Weinberg galt lange als zu anstrengend für Frauen

len. Mit anderen Worten: Mit den neuesten Weinbau- und Kellermethoden ist es praktisch unmöglich geworden, grob fehlerhafte Gewächse auf den Markt zu bringen. Und guten Wein gibt es für jeden Geldbeutel.

Dadurch ist guter Wein nicht mehr nur Luxusgut, sondern längst auch alltägliches Konsumgut geworden. Zudem hat mit diesem Wandel heute jeder die Möglichkeit, selbst zu entscheiden, inwieweit man sich mit dem Thema Wein beschäftigt. Riesiges Wissen, Budget und Kennerschaft sind nicht mehr nötig, um sicher einkaufen zu können. Dadurch ist Wein demokratisch geworden.

Diese Entwicklungen, aber vor allem der gesellschaftliche Wandel haben dafür gesorgt, dass sich Frauen in Bezug auf Weingenuss längst emanzipiert haben und selbstbewusst bestimmen, dass und was ihnen ins Weinglas kommt. Und wie viel sie darüber wissen möchten.

Doch nicht nur auf der Konsumseite hat es mit der Gleichberechtigung lange gedauert. Auch in allen anderen Bereichen der Weinbranche standen Frauen lange Zeit am Spielfeldrand. Von Produktion bis Vermarktung spielte das weibliche Geschlecht lange Zeit keine Rolle. So galt für die Weinbereitung das Vorurteil, dass die Arbeit zu schwer sei für Frauen. Schließlich müssen im Weinkeller Fässer gehievt oder schwere Geräte bewegt werden. Außerdem wurde befürchtet, dass Frauen sich bei den vielen männlichen Kollegen nicht durchsetzen könnten.

Die Witwen der Champagne

Nur ab und zu gab es in der Weingeschichte Frauen, die für Aufsehen sorgten. Frauen, die mit Kreativität einen großen Beitrag in der Weinwelt geleistet haben. Vor allem in der Champagne gab es die bis heute verehrten, legendären »Grandes Dames«, wie etwa Madame Clicquot oder Madame Pommery, die im 19. Jahrhundert wirkten. Dazu Lily Bollinger, die das berühmte gleichnamige Champagnerhaus von 1941 bis 1971 führte. Alle diese Frauen vereint, dass sie erst durch einen schweren Schicksalsschlag – den Tod ihrer Männer – gezwungen waren, ihr Schicksal und das ihrer Unternehmen selbst in die Hand zu nehmen. Alle nahmen diese Herausforderung an und begründeten mit ihrem Innovationsgeist den Mythos der Champagner-Witwen.

So hat Madame Veuve Clicquot viel für die effiziente Weinbereitung in der Champagne getan, womit die Erzeugung von größeren Mengen in gleichbleibender Qualität überhaupt möglich wurde. Damit setzten eine Professionalisierung und ein enormer ökonomischer Erfolg in der Region ein. Vor allem aber ist ihr Geschäftssinn bekannt. Da ihr Champagner vor allem in Russland beliebt war und dort eben süße Gewächse bevorzugt wurden, passte sie den Geschmack ihrer Produkte kurzerhand den Markterfordernissen an. Zusammen mit ihrem Exportleiter baute sie ihre Marke international auf und hetzte dabei jedem die Gerichte auf den Hals, der ihren Namen oder das markante orangefarbene Etikett nachahmte. Sie war damit eine der ersten, die den Wert der Marke erkannten und auf Markenwiedererkennung und Markenschutz setzten. Während Madame Clicquot sich mit ihren süßen Champagnern auf den russischen Markt konzentrierte, bearbeitete die Witwe Pommery den englischen. Nachdem Madame Pommery länger auf der Insel lebte, war ihr die Präferenz des englischen Publikums für trockene Weine bekannt. Dafür entwickelte sie die Kategorie »brut«, die bis heute die am meisten verkaufte Geschmacksrichtung von Champagner ist. Getreu ihrem Motto »qualité d'abord« – Qualität zuerst – ließ sie 18 Kilometer lange Keller in den Kreideboden der Champagne schlagen, um mehr Lagerplatz zu bekommen. Damit hatte sie die Möglichkeit, ihre Schaumweine nach der zweiten Gärung kühl sowie länger auf der Hefe liegen zu lassen und damit die Qualität und Feinperligkeit ihrer Produkte zu verbessern.

Lily Bollinger übernahm nach dem Tod ihres Mannes 1941 das gleichnamige Champagnerhaus und führte es durch stürmische Zeiten. Auch sie war für zahlreiche Innovationen verantwortlich, und sie baute den Weinbergbesitz in den besten Lagen geschickt aus. Berühmt ist ihre Antwort auf die Frage eines Reporters, zu welchen Gelegenheiten sie Champagner trinken würde. Sie lautete: »Ich trinke Champagner, wenn ich froh bin und wenn ich traurig bin. Manchmal trinke ich davon, wenn ich allein bin; und wenn ich Gesellschaft habe, dann darf er nicht fehlen. Wenn ich keinen Hunger habe, mache ich mir mit ihm Appetit, und wenn ich hungrig bin, lasse ich ihn mir schmecken. Sonst aber rühre ich ihn nicht an, außer wenn ich Durst habe.«

Trotz ihrer Erfolge sind diese drei Frauen Kinder ihrer Zeit. Sie übergaben das Zepter an männliche Nachkommen. Es dauerte noch einige Jahrzehnte, bis es selbstverständlich wurde, dass auch die Töchter die elterlichen Betriebe übernehmen und erfolgreich führen können. Heute werden die Winzertöchter dazu ermuntert, und in den Weinschulen der Welt finden sich längst genauso viele Frauen wie Männer wieder.

Das Gleiche gilt für alle anderen Bereiche der Weinbranche. Ob als Konsumentin, Weinkritikerin, als Winzerin, die den elterlichen Betrieb übernimmt, als Sommelière in den besten Restaurants, als Vorstandsvorsitzende internationaler Getränkekonzerne oder als politisch aktive Funktionärin, die Einfluss auf die Weingesetze nimmt – Frauen haben mittlerweile einen selbstverständlichen Platz in der Weinwelt. Im letzten Kapitel dieses Buches möchte ich Ihnen deshalb ganz besondere Weinfrauen in persönlichen Porträts vorstellen.

> **DIE WITWEN WUSSTEN ES BESSER ALS DIE HERREN!**

Ein Blick in die Geschichte

KAPITEL 2

AUFRÄUMAKTION

SCHLUSS MIT DEN WEINMYTHEN

WO FINDE ICH DEN RICHTIGEN WEIN FÜR MICH?

EIN WEGWEISER FÜR DIE FRAU VON HEUTE

Das Weinangebot ist riesig. Wein muss nicht nur beim Fachhändler gekauft werden, sondern auch Supermärkte oder Internethändler bieten eine sehr gute Weinselektion an. Doch eine große Auswahl kann schnell überfordern. Mit ein paar Tipps und ein wenig Erfahrung lassen sich ganz einfach die richtigen Weine für den eigenen Geschmack finden.

Rebsorten geben Orientierung im Angebotsdschungel

Der Geschmack eines Weines wird vor allem von der Rebsorte bestimmt. In Kapitel 3 (siehe Seite 53 ff.) können Sie sich einen sehr guten Überblick über die Weinstile verschaffen, die aus den meistverbreiteten Rebsorten bereitet werden. Wenn Sie sich dann überlegen, welcher Weintyp Sie anspricht oder was Sie gerne einmal ausprobieren möchten, sind Sie dem richtigen Wein für Ihren eigenen Geschmack auf der Spur. Bei Weißweinen entscheiden die Intensität der Aromen und der Säuregehalt, ob eine Weingenießerin ein Fan davon wird oder nicht. Gefällt Ihnen etwa ein Grauburgunder mit seiner moderaten Säure und seinem angenehm würzigen Nachhall, so könnten Sie auch einen Grünen Veltliner oder einen Chardonnay mögen. Lieben Sie frischen und aromatischen Sauvignon Blanc, dann könnte ebenso ein trockener Riesling oder eine Scheurebe aus Deutschland etwas für Sie sein. Bei Rotweinen wiederum ist der Tanningehalt entscheidend. Schätzen Sie kräftige Bordeaux, dann sollten Sie einmal einen Malbec aus Argentinien oder einen Sangiovese aus Italien kosten. Mögen Sie hingegen Spätburgunder mit seidiger Textur, so könnte auch ein Gamay aus dem Beaujolais oder ein Barbera aus dem Piemont Ihren Geschmack treffen. Wenn es Ihnen schwerfällt, Ihren Geschmack in Worte zu fassen, können Sie übrigens Ihre Lieblingsrebsorte dem Weinhändler oder dem Sommelier im Restaurant nennen und mit dieser Information können Fachleute schon sehr viel anfangen und Ihnen dann das Richtige empfehlen.

Wo kaufe ich am besten ein?

Die Verantwortlichen der Discounter und Supermarktketten haben erkannt, dass Wein wichtig ist, um kaufkräftige Kundschaft anzuziehen und Imagepflege zu betreiben. Dabei spielt den Anbietern in die Hände, dass das Wissen der Winzer um die Möglichkeiten im Weinbau und der Kellertechnik so groß ist, dass grob fehlerhafte Weine sehr selten geworden sind. Daher kann im Supermarkt wie im Discounter bedenkenlos eingekauft werden. Selbst große Erzeuger können solide und gute Weine anbieten, die über beachtliches Trinkvergnügen verfügen können. Allerdings sind die Weine, die dort angeboten werden, geschmacklich oft austauschbar.

Wer nach kleineren Weingütern und individuellen Weinen sucht, findet diese beim Fachhändler. Hier gibt es mitunter Spezialisten, die sich zum Beispiel auf ein Weinbauland konzentrieren und ihren Kunden ganz außergewöhnliche Entdeckungen empfehlen können, die es mit ihren geringen Mengen niemals in ein Supermarktregal geschafft hätten. Zudem bekommen Sie eine kompetente Beratung und können den einen oder anderen Wein probieren, bevor Sie ihn kaufen. Viele Fachhändler organisieren Hausmessen, wo Sie die Winzer persönlich treffen und verschiedenste Weine verkosten können. Solche Events sind ideal, um sich in Sachen Wein weiterzubilden. Wer gerne im

Beim Fachhändler bekommt »frau« eine kundige und persönliche Beratung – und ein individuelles Sortiment lädt zum Entdecken ein

Bei vielen Fachhändlern kann man mittlerweile online bestellen und sich die Weine bequem nach Hause liefern lassen

Internet auf Shoppingtour geht, wird auch hier fündig. Preise sind im Netz schnell vergleichbar und viele Webseiten bieten gute Informationen zu den Weinen. Allerdings fehlt die individuelle Beratung und eine vermeintliche Ersparnis kann durch die Frachtkosten wieder aufgebraucht sein.

Ein besonderes Erlebnis ist es, auf den Weingütern direkt einzukaufen. In Deutschland zum Beispiel laden offene Kellertüren zum Besuch ein und für ein verlängertes Wochenende lohnt es sich allemal in eine der vielen reizvollen Weinregionen zu fahren. Dort kommen Sie mit den Winzern ins Gespräch, können alle Weine verkosten und bekommen die schöne Erinnerung dazu, in der Sie schwelgen können, wenn Sie zu Hause die mitgebrachten Weine genießen.

Weinführer wie der Gault&Millau, Eichelmann oder Falstaff bieten Informationen zu den Weingütern und zahlreiche Tipps für die Fahrt in die Weinregionen. So können Sie nicht nur einkaufen, sondern sich auch in guten Restaurants und Hotels verwöhnen lassen. Ebenfalls sollten Sie vor der Fahrt in die Weinregion auf die Webseite des Deutschen Weininstitutes schauen (www.deutscheweine.de). Hier gibt es unter der Rubrik Tourismus zahlreiche, wertvolle Tipps zu Straußwirtschaften, wann und wo Weinfeste stattfinden und welche Wanderwege in der Region zum Spazierengehen einladen.

Die Frage nach dem Preis

Guten Wein für jeden Geldbeutel gibt es nicht nur beim Discounter. Auch Fachhändler und Winzer bieten Weine in jeder Preiskategorie an. Bei bestimmten Weinen gibt es dennoch eine Preisgrenze nach unten. Zum Beispiel ist es wesentlich aufwendiger, Biowein zu erzeugen, sodass es diesen selten unter 5 Euro die Flasche zu kaufen gibt. Ein anderes Beispiel sind Weine aus Steillagen wie in den Regionen Mosel und Ahr. Hier ist der Weinanbau viel aufwendiger, und gute Weine müssen etwas mehr kosten. Der Preis hängt aber nicht nur von den Erzeugungskosten ab. Angebot und Nachfrage, Trends und Image spielen in der Preisfindung eine noch größere Rolle. Ein Champagner aus berühmtem Hause ist sicherlich ein Genuss. Jedoch gibt es viele andere Schaumweine, die ebenso gut und günstiger sind. Ein anderes Beispiel ist der süffige weiße Lugana aus Italien. Dieser liegt derzeit besonders im Trend, wodurch der Preis mit der Qualität in der Flasche nichts mehr zu tun hat. Ein süffiger Müller-Thurgau aus Franken kostet viel weniger als der trendige Lugana und bietet mindestens genauso viel Trinkvergnügen. Wer also gerne auf Schnäppchentour geht, sollte nicht das kaufen, was derzeit in Mode ist, sondern auf seinen Geschmack vertrauen und nach Alternativen suchen.

Inhabergeführte Supermärkte überraschen mittlerweile oft mit einer exzellenten Weinauswahl

KORK ODER SCHRAUB-VERSCHLUSS

DAS IST HIER DIE FRAGE

Es ist faszinierend, welche Materialien die Natur uns schenkt: Kork. Ein Naturkork, der in einem Stück aus der Rinde der Korkeiche gestanzt wird, hat erstaunliche Eigenschaften. Da wäre zum Beispiel die Elastizität. Auf einem Kubikzentimeter können sich bis zu vierzig Millionen elastische Zellen befinden. So kann ein Kork zusammengepresst in den Flaschenhals gebracht werden, dehnt sich danach aus und verschließt die Flasche fest. Kork ist zudem widerstandsfähig gegenüber Weinsäure und er ist federleicht. Ein langsamer Zutritt von Sauerstoff lässt mit Kork verschlossene Weine harmonisch reifen. Gerade hochkarätige Weine wie erstklassige Lagenrieslinge oder komplexe Bordeaux bekommen dadurch ein besonders verwobenes Reifebukett. Seit Jahrhunderten werden wegen dieser Eigenschaften Flaschen mit Kork verschlossen. Doch der Kork hat auch Nachteile. Es ist nun einmal ein Naturprodukt, das Schwankungen unterliegt. Die Durchlässigkeit von Sauerstoff variiert von Kork zu Kork. Werden mehrere Flaschen vom gleichen Wein geöffnet und verkostet, merkt man das. Besonders nach mehreren Jahren Flaschenreife, gibt es von Flasche zu Flasche mitunter große Unterschiede. Der größte Feind der Korkbranche ist allerdings der Korkgeschmack. Eine chemische Verbindung von der gerade einmal fünf Nanogramm Menge ausreichen, um den Weingeschmack mit muffigem Geruch zu verderben. Dieser unsichtbare Feind wurde der Korkindustrie zum Verhängnis.

ACH, KORK IST SO NOSTALGISCH!

Neue Welt, neue Weine, neue Verschlüsse

Vor allem Anfang der 2000er-Jahre, als die Weinindustrie in Ländern wie Neuseeland, Australien oder Kalifornien richtig zu boomen anfing und ebenfalls nach Korken verlangte. Damals konnte der gestiegene Bedarf nur mit Material gestillt werden, das besser zu Schuhsohlen und Fußböden verarbeitet worden wäre. Winzer, die mit schlechten Korkchargen beliefert wurden, verdarben sich ihre Weine mit Korkgeschmack, was mitunter die Arbeit eines ganzen Jahres zunichtemachte. Oftmals war dieser Schaden existenzgefährdend für die Weingüter. Mit der Korkkrise begann dann der Siegeszug des Schraubverschlusses als Alternative zum Kork, auch für hochwertigere Weine. Diese Entwicklung wiederum sorgte für den nötigen Druck auf die Korkindustrie, sich um ein besseres Qualitätsmanagement zu kümmern. Durch verbesserte Selektion und verschiedene Qualitätssicherungsmaßnahmen konnte die Rate von Korkschmeckern auf circa ein Prozent der Korken gedrückt werden. Heute geben einige Winzer, die dem Korken schon den Rücken gekehrt hatten, diesem Naturprodukt wieder eine Chance, denn viele Verbraucher schätzen das traditionelle Ritual des Flaschenöffnens mittels Korkenzieher.

Viele Weintrinkerinnen und Weintrinker schätzen das traditionelle Ritual, eine Weinflasche mit Korkenzieher zu öffnen

Neben Naturkork wird häufig ein Verschluss bestehend aus Korkgranulat verwendet. Das Granulat wird speziell behandelt, um eventuell vorhandenen Korkgeschmack zu eliminieren. Dabei wird Naturkork so fein zermahlen, dass er die besondere Zellstruktur und damit seine natürlichen Eigenschaften verliert. Die so hergestellten Korken sind zwar zuverlässig und erfüllen das Bedürfnis des Weintrinkers nach einem traditionellen Verschluss in Korkoptik, sind aber eher für Weine gedacht, die jung getrunken werden.

Schrauben ist erlaubt

Trotz Verbesserungen in der Korkindustrie, ist der Schraubverschluss eine überzeugende Alternative, die nicht mehr wegzudenken ist. Er ist wesentlich günstiger als Naturkork, er ist fast luftdicht, gibt keinen Geschmack ab und sorgt dafür, dass die Weine, die so verschlossen wurden, länger frisch und fruchtig schmecken. Das ist besonders interessant für knackige Weißweine, aber auch für Rotweine, die über ein moderates Gerbstoffgerüst verfügen. Außerdem sind Schraubverschlüsse sehr praktisch zu handhaben. So braucht die Weinfreundin kein extra Werkzeug, um die Flasche zu öffnen, die Flasche ist bequem wieder verschließbar. Mittlerweile werden auch hochwertige Weine mit Reifepotenzial unter Schraubverschluss abgefüllt, denn bei der Flaschenreife bleibt eher die Fruchtigkeit der Weine erhalten und es entsteht nicht das Reifebukett, wie man es bei der Flaschenreife unter Kork kennt. Kenner streiten sich seit Jahren darüber, welcher Verschluss besser für die Reifung von Wein ist. Als Weinfreundin kann man Kenner ruhig streiten lassen und selbst entscheiden, was einem besser gefällt. Jedenfalls kann nicht mehr gesagt werden, dass ein Schraubverschluss auf billigen Wein schließen lässt. In Deutschland wird ein Großteil der Weine mit Schraubverschluss oder Korken verschlossen. Darüber hinaus gibt es die Kunststoffkorken, die weniger luftdicht und für Weine gedacht sind, die jung getrunken werden. Ebenso gibt es Glasverschlüsse, die sich allerdings wegen hoher Stückkosten nicht durchgesetzt haben.

MYTHOS GLAS
KRISTALL- ODER SENFGLAS?

Wer schon einmal in einer gut sortierten Haushaltsabteilung stand und die Vielzahl von verschiedenen Gläsern betrachtet hat, wird sich in die Studentenzeit zurückgewünscht haben, als Wein ganz unbekümmert aus Senfgläsern genossen wurde. Unzählige Glasformen machen einen glauben, dass man für jeden Wein ein anderes Glas bräuchte, um nicht als absoluter Banause zu gelten. Sicherlich haben feine Unterschiede in Form und Größe des Glases Einfluss auf den Geschmack. Wer sich dann aber ehrlich in Bezug auf Kosten und Nutzen dieser Vielfalt hinterfragt, wird feststellen, dass es für alles eine Grenze gibt. Selbst als Sommelière in einem Spitzenrestaurant bin ich mit vier Glasformen sehr gut ausgekommen.

Vier Formen reichen völlig!

Man braucht ein Schaumweinglas mit nicht zu schmalem Kelch, um auch komplexen Pricklern zur Wirkung zu verhelfen und mit einem Moussierpunkt, um die aufsteigenden Kohlensäureperlen beobachten zu können. Ein Glas mit kleiner Tulpenform, um frucht- und säurebetonte Weißweine ohne Holzfassausbau zu genießen. Ein weiteres mit großer Kelchform für tanninbetonte

Erlaubt ist was gefällt – und zur Not schmeckt Wein auch aus Senfgläsern

Weine wie aus dem Bordeaux sowie ein Glas mit großer Ballonform, um ätherischen Rotweinen wie Burgundern und Weißweinen mit Holzfassausbau zum optimalen Ausdruck zu verhelfen. Bevor man also in unzählige Glasformen investiert, sollte man lieber mehr Geld für diese Grundausstattung ausgeben, denn es ist ein viel größerer Genuss, Wein aus dünnen und leichten Gläsern zu verkosten. Bleibt zu bedenken, dass diese nicht nur teurer sind, sondern auch leichter brechen können. Wer seine Gläser in die Spülmaschine steckt, sollte darauf beim Kauf Rücksicht nehmen und dann vielleicht doch lieber eine robustere Serie wählen. Schließlich will man langfristig sein Geld für den Wein und nicht für das ganze Drumherum ausgeben. Mit den vier genannten Glasformen kann übrigens nach Lust und Laune gespielt werden. Wer zum Beispiel einen kräftigen und lange auf der Hefe gelagerten Schaumwein öffnet, sollte diesen auch aus dem Weißweinglas kosten und selbst entscheiden, was ihm persönlich besser schmeckt. Und sollten die passenden Gläser einmal nicht zur Hand sein, dafür aber der richtige Wein, den man mit seinen liebsten Freunden trinken will, dann werden die berüchtigten Senfgläser dem Genuss keinen Abbruch tun.

Wer es sich gerne mit Buch und Wein auf dem Sofa gemütlich macht, der wird ein kurzstieliges, geschliffenes Kristallglas mit festem Stand schätzen

DER WERKZEUGKASTEN RUND UM DAS THEMA WEIN

VOM KORKENZIEHER BIS ZUR KARAFFE

Neben Gläsern in allen Formen und Preisklassen gibt es noch viel mehr Schnickschnack rund um den Wein. Vieles ist sinnvoll und praktisch. Manches landet eher in der Ecke. Ich will Ihnen hier einen kleinen Überblick verschaffen.

Der passende Korkenzieher

Obwohl schon viele Weine mit Schraubverschluss daherkommen, einen Korkenzieher braucht man noch regelmäßig im Haus. Dabei sollten Sie eine Ausführung wählen, mit der Sie persönlich gut zurechtkommen. Die einfachste Form ist der T-Korkenzieher. Eine einfache Spindel hängt dort entweder an einem Schweizer Taschenmesser oder an einem einfachen Griff. Diese Korkenzieher sind zwar preiswert und unverwüstlich, aber es wird richtig viel Kraft benötigt, um den Korken aus der Flasche zu zerren. Deshalb ist der etwas klobige Flügelkorkenzieher in vielen Haushalten zu finden, denn hier sorgen gleich zwei Hebel dafür, dass jeder Korken einfach zu ziehen ist. Auch diese Korkenzieher sind nicht teuer. Besonders praktisch ist das zusammenklappbare Kellnermesser, das es oft als Werbegeschenk gibt. Hier ist ein Messer integriert, mit dem elegant die Kapsel abgeschnitten werden kann. Die Spindel wird danach zum Eindrehen in den Korken ausgeklappt und ein zweistufiger Hebel sorgt dafür, dass man den Korken nach und nach gerade aus der Flasche zieht und daher das Risiko des Korkbruches minimiert. Ist die Flasche geöffnet, kann das Kellnermesser zusammengeklappt werden und in einer kleinen Schublade verschwinden. Den Glockenkorkenzieher setzt man nur auf die Flasche und dreht so lange, bis der Korken herausploppt. Hier kann man sicher sein, dass die Spindel mittig auf den Korken aufgesetzt wird und dieser nicht abbricht. Das Rotationsprinzip wird bei den klobigen Screwpull-Korkenziehern noch optimiert. Hier ist der Vorteil, dass man besonders wenig Kraft aufwenden muss, um eine Flasche zu öffnen. Allerdings sind diese Geräte teuer und nehmen viel Platz weg. Wer oft ältere Weine aufmacht, sollte sich einen Korkenheber zulegen, denn Spindeln können poröse Korken durchbrechen und es schwierig machen diesen ordentlich und sauber zu entfernen. Beim Korkenheber sind zwei Schienen parallel an einem Griff angebracht. Diese setzt man links und rechts zwischen Kork und Flaschenhals an und bewegt diese mit Druck sowie Hin-und-her-Bewegung in die Flasche. Sind die Schienen ganz drin, kann man den Korken mit einer sanften Drehung herausziehen. Das hört sich kompliziert an und das ist es auch. Jedenfalls sollte das bei einfachen Weinen geübt werden, bevor man den teuersten Bordeaux massakriert.

Was frau sonst noch braucht

Sehr praktisch sind Kühlmanschetten für die Gefriertruhe mit denen schnell Weine gekühlt oder auf der Terrasse kühl gehalten werden können. Hier sollte darauf geachtet werden, dass diese breit genug sind, um auch Flaschen in Schlegelform ordentlich kühlen zu können. Karaffen sind ebenfalls eine sinnvolle Investition. Eine mit breitem Boden, um kräftige Rotweine zu belüften, und eine schmalere für komplexe Weißweine, die bei Bedarf in einen Kühlschrank oder Eiskühler passen. Ebenso sollten ein paar Dropstops im Haus sein. Vor allem wer gerne zu Festtagen weiße Tischtücher auflegt und Rotwein servieren möchte, weiß, von was ich rede. Nachdem sich der Haushaltstipp mit dem

Aufräumaktion! Schluss mit den Weinmythen

Vor allem Weinliebhaberinnen sind vom Coravin begeistert

Löffel in der Sektflasche nachweislich als Humbug erwiesen hat, sollte ein Sektverschluss in der Schublade sein. Diese gibt es oft als Werbegeschenk und lässt den Schaumwein offen noch gut ein bis zwei Tage angenehm prickeln.

Worüber sich Weinbegeisterte freuen

Die neueste Spielerei ist der Coravin, bei dem aus der mit Korken geschlossenen Flasche Wein abgezapft werden kann. Dafür wird eine dünne Nadel durch den Korken gestoßen, Wein anschließend entnommen und das fehlende Volumen mit dem Edelgas Argon aufgefüllt. Ein Gas, das mit dem Wein nicht reagiert sowie farblos und geschmacksneutral ist. Damit wird der Zutritt von Sauerstoff verhindert, der den Rest in der Flasche verderben würde. Die so angebrochene, aber immer noch verschlossene Flasche kann wieder zurück in den Weinkeller gelegt und nach Monaten unverändert weitergenossen werden. Das hochwertige Gerät ist um Längen besser als die Vakuumpumpen, bei denen auf die geöffnete Flasche ein Silikonstöpsel kommt und Luft abgepumpt wird. Gerät und Gaspatronen sind teuer. Daher eignet sich die Coravin-Methode für Weinfreundinnen, die einen größeren Weinkeller mit exklusiven Weinen haben, diese regelmäßig verkosten möchten, jedoch nicht genug Genießerinnen um den Tisch versammelt haben, um die Flaschen zeitig leer zu bekommen. Coravin ist ein gut funktionierendes System und allemal ein schönes Geschenk für jede Weinliebhaberin.

Was braucht die Weinfreundin nun unbedingt und was nicht? Hier sollte es eine Faustregel geben: Wein und Lebensfreude stehen im Mittelpunkt und auf alles, was der Weintrinkerin den Weingenuss unnötig verkompliziert, kann sie getrost verzichten.

WEIN RICHTIG PFLEGEN
TRINKFERTIG ODER LAGERFÄHIG

Heute sind Konsumweine so bereitet, dass sie beim Verkauf trinkfertig sind und nicht unbedingt von Flaschenreife profitieren. Wer allerdings große Klassiker wie zum Beispiel Burgunder, Bordeaux oder Spitzenweine aus Riesling liebt, braucht eine gute Lagermöglichkeit, damit sich seine Schätze optimal entwickeln können. Wichtig ist dabei, dass der Platz kühl, nicht zu trocken und dunkel ist, also idealerweise ein gleichmäßig temperierter Keller. Wer eine Stadtwohnung sein Zuhause nennt, verfügt selten über einen passenden Kellerraum, in dem er größere Mengen an Wein liegen lassen könnte. Es gibt zwar die Möglichkeit sich einen Weinklimaschrank zu kaufen, die sind allerdings teuer und nehmen viel Platz weg. Ein Behelf ist es, die feinen Weine im Karton zu belassen und an einem kühlen, ungeheizten Ort in der Wohnung zu lagern. Das kann unterm Bett oder am Schrankboden sein. Sicherlich ist eine Temperatur von 10–12 °C optimal für die Weinreifung aber noch wichtiger ist, dass die Temperatur nicht extrem schwankt und nicht über 20 °C hinausgeht. Wer also sein Schlafzimmer nicht heizt, kann hier wunderbar seine Schätze lagern.

Die richtige Trinktemperatur

Wichtig für den Weingenuss ist die jeweils richtige Temperatur für jeden Wein. Bei kühleren Temperaturen kommt die Fruchtigkeit deutlicher heraus, lässt aber Gerbstoffe kantiger wirken. Höhere Temperaturen betonen hingegen Alkohol und Säure. Daher sollte man leichte, junge Weiß- und Roséweine bei 9–11 °C einschenken. Kräftigere Weiß- und Roséweine, die zudem im neuen Holzfass ausgebaut wurden, sollten wärmer bei 12–14 °C serviert werden. Leichte Rotweine, die über wenig Gerbstoff verfügen wie etwa ein Vernatsch oder Portugieser, sollten leicht gekühlt bei 14–16 °C getrunken werden. Alle anderen Rotweine sind bei 16–18 °C optimal temperiert. Schaumwein wie Sekt oder Champagner sollten auf 6–8 °C gekühlt sein. In der Regel ist es besser, die Weine kühler einzuschenken, denn im Glas und bei Zimmertemperatur erwärmen sich die Weine ohnehin sehr schnell.

Vom Belüften und Atmen

Komplexe Weine profitieren von etwas Sauerstoff. Damit ist das berühmte Belüften oder Atmen des Weines gemeint, was dicht gewobene Weiß- wie Rotweine genussfreudiger macht. Der Zutritt von Sauerstoff sorgt dafür, dass sich die Gerbstoffe harmonischer in den Wein einfügen und vielschichtige Aromen zum Vorschein kommen. Riecht also ein exklusiver Wein nach dem Öffnen enttäuschend nach nichts oder

> **WARUM DENN WEIN NICHT UNTER DEM BETT LAGERN?!**

Das Kerzenlicht durchleuchtet die dunkle Flasche und lässt erkennen, wann das Depot herausläuft und man mit dem Dekantieren aufhören sollte

ist von dem schwefelartigen Aroma von Streichhölzern dominiert, hilft es, den Wein in eine Karaffe zu geben.

Was Kerzen und Karaffen bringen

Bei gereiften Rotweinen sollten Sie dabei auf das sogenannte Depot achten. Das ist ein feiner, sandiger Bodensatz, der sich bei der Flaschenreife ausbildet und der auf keinen Fall in der Karaffe landen sollte. Am besten solche Rotweine in einen Flaschenkorb geben, der die Flasche in einem Winkel von 45 Grad hält und den Inhalt dann mit einer Kerze unter dem Flaschenhals vorsichtig in eine Karaffe gießen. Durch die Kerze sehen Sie, wann das Depot mit herausläuft und man mit dem Dekantieren aufhören sollte. Große Gläser, in denen man den Wein großzügig schwenken kann, können eine Karaffe mühelos ersetzen. Gerade dann, wenn man zu zweit ist und den Wein über mehrere Stunden hinweg genießen möchte. Die Entwicklung des Weines in einer Karaffe ist deutlich schneller und ein Wein, der zu lange in der Karaffe steht, kann beim letzten Glas schon zu viel Sauerstoff abbekommen haben und dadurch fahl schmecken.

WEIN VERKOSTEN
VON VANILLE BIS LEDERSATTEL

Musik kann man gemeinsam hören und danach sagen, ob die Gitarrenriffs richtig gesessen haben. Ein Bild kann man gemeinsam betrachten und sich über Farben, Pinselstrich und Formen austauschen. Aber riechen und schmecken – das kann jede nur für sich allein. Geschmack ist und bleibt ein subjektives Sinneserlebnis und jede hat andere Geschmackserlebnisse abgespeichert. Wenn eine Weinfreundin zum Beispiel über ein Apfelaroma spricht, denkt die eine an den Boskop-Baum aus dem Garten der Eltern, während eine andere an die Apfelsorte Pink Lady aus dem Supermarkt denkt. In der Weinbeschreibung kann also nichts Falsches gesagt werden. Alle schnöden Weinkenner, die aus dem Verkosten eine Wissenschaft machen wollen, um andere damit bloßzustellen, sind genussfeindliche Opfer ihres eigenen Egos und auf solche Typen kann getrost gepfiffen werden. Beim Weingenuss trotzdem aufmerksam zu verkosten, hilft aber, sich Aromen, Textur, Säuregehalt und Gesamtgefüge des Weines richtig bewusst zu machen. Nur dann können Sie die verschiedenen Weinstile gedanklich für sich abspeichern und sich selbstbewusst entscheiden, was Sie gerne trinken. Ebenso hilft es, zu wissen, was bestimmte Merkmale wie zum Beispiel Aromen über den Wein verraten. Das möchte ich Ihnen hier etwas näher erläutern.

Farbe und Aussehen beurteilen

Bevor man zum Trinken ansetzt, sollte man das Glas schwenken und dabei Farbe sowie Viskosität beurteilen. Die Farbe eines Weines kann Hinweis auf Rebsorte, Säuregehalt und Reife des Weines geben. Ein Weißwein, der über grüne Reflexe in der Farbe verfügt, kommt sehr wahrscheinlich aus einem kühlen Klima, wo die Trauben nicht überreif werden und über mehr Säure verfügen. Eine goldene Farbe hingegen kann Hinweis auf einen üppigeren Wein geben. Hat der Weißwein zudem eine erhöhte Viskosität, könnte es sich um einen Süßwein handeln. Geht die Farbe in Richtung Bernstein, verfügt der Wein über deutliche Flaschenreife. Beim Rotwein gilt: Je weniger Säure er hat, desto bläulicher wird die Farbe. Ein frischer Spätburgunder ist granatrot, während ein Cabernet Sauvignon aus warmem Klima eher purpurfarben ist. Eine höhere Viskosität lässt beim Rotwein auf mehr Alkohol und Körper schließen. Geht die Farbe ins Ziegelrot, deutet das auf Flaschenreife hin. Darüber hinaus ist es hilfreich, zu wissen, dass die Farbdichte bei Rotweinen auch von der Rebsorte abhängt und nicht unbedingt auf die Qualität hindeutet. Ein Spätburgunder verfügt per se über wenig Farbpigmente, daher sollte man aufgrund des hellen, durchscheinenden Aussehens nicht auf einen beliebigen Konsumwein schließen.

Aromen erkennen

Wir haben alle schon erlebt, dass wir ein Aroma erkennen, aber es nicht benennen können. Das macht einen schier verrückt! Wer sich etwas näher mit Wein beschäftigen möchte, dem sei ein Blick auf das Aromarad empfohlen. Hier sind die wichtigsten im Wein vorkommenden Aromen systematisch geordnet. Wer also etwas Fruchtiges erkennt, kann danach überlegen, ob es sich eher um Zitrusfrüchte, Stein- oder Kernobst oder gar tropische Früchte handelt. Man kann sich langsam vortasten. Die Aromen von Wein können in Primär-, Sekundär- und Tertiäraromen unterteilt werden.

Primäraromen kommen von der Rebsorte selbst. So entwickelt jede Rebsorte ein für sie typisches Aromenprofil. Ein Gewürztraminer entwickelt dabei die gleichen aromatischen Verbindungen wie Rosen, Litschis und Himbeeren. Wohingegen ein Sauvignon Blanc über die gleichen Geschmacksstoffe verfügt, die auch in Stachelbeeren, Brennnesseln oder Buchsbaum zu finden sind. Daher liegt es auf der Hand, in der Weinbeschreibung auf Produkte zurückzugreifen, die über ähnliche Aromen wie der jeweilige Wein verfügen. Sekundäraromen entstehen in der Weinbereitung. So kann ein langes Hefelager für Aromen von Brioche, Toast und Mandeln sorgen. Wurde ein Wein besonders kühl vergoren, riecht er nach Gletscherbonbon und Gummibärchen. Noten von Vanille, Kakao bis hin zu Kaffee und Nelken verraten einen Ausbau in neuen Holzfässern. Tertiäraromen werden bei der Flaschenreife gebildet. Dabei reagieren die verschiedenen Inhaltsstoffe des Weines miteinander und entwickeln so immer neue Nuancen. Gereifte Weißweine entwickeln dabei Aromen von Nussbutter, Toffee, schwarzem Tee und kandierten Früchten. Rieslinge aus Deutschland, Österreich oder Frankreich können bei der Flaschenreife Petrolaromen entwickeln, ein Geruch, den man von der Tankstelle kennt. Rotweine bekommen Noten von Waldboden, Unterholz, Zigarrenkiste und Trüffel. Beim Reifeprozess tritt die Primärfrucht immer mehr in den Hintergrund. Sind diese vollständig verschwunden und kommen Aromen von braunem Apfel oder gar Essig hinzu, ist der Wein überlagert. Weinfehler erkennt man sehr schnell am Geruch. Der gängigste Weinfehler ist der Korkgeschmack, den man an einem muffigen Aroma erkennt, das jegliche Fruchtaromen übermalt. Übrigens auch Weine mit Schraubverschluss können Korkgeschmack aufweisen, denn die Verbindung, die für den muffigen Geschmack sorgt, entwickelt sich auch in schlecht gepflegten Fässern oder modrigen Holzpaletten und ist dabei so

Aufräumaktion! Schluss mit den Weinmythen

aggressiv, dass sie selbst durch Plastik hindurchgeht und in Plastiksäcken gelagerte Schraubverschlüsse oder Synthetikkorken kontaminieren kann. Das berühmte Aroma von Ledersattel kommt übrigens in fassgereiften Rotweinen aus warmem Klima vor. In den säurearmen und oft gerbstoffreichen Weinen fühlen sich bestimmte Hefen pudelwohl, die diese Aromen von Pferdestall erzeugen. Hier macht die Dosis das Gift.

Geschmack und Mundgefühl beschreiben

Beim Verkosten kann man bewusst Säure-, Gerbstoff- und Alkoholgehalt sowie Körper, Süße und Nachhall bewerten. Säuregehalt, aber auch wie sich die Säure im Mund präsentiert, ist mitentscheidend welcher Weißwein uns schmeckt oder eben nicht. Ein Riesling und ein Sauvignon Blanc haben zum Beispiel in der Regel beide viel Säure. Doch während beim Riesling die Säure saftig daherkommt, fällt sie beim Sauvignon Blanc oft rassig, knackig und spitz aus. Ein Weißwein, der im Barriquefass ausgebaut wurde, verfügt hingegen über eine cremig wirkende Säure. Bei Rotwein steht eher der Gerbstoff im Vordergrund. Hier entwickelt jede Rebsorte einen ganz unterschiedlich geknüpften Tanninteppich, der sich in Dicke und Textur unterscheidet, aber auch an welchen Stellen im Mund er aufliegt und wie sich die Adstringenz zeitlich entwickelt.

So fährt ein Malbec zu Beginn eine enorme Gerbstoffattacke, die sich nach kurzer Zeit in maulbeerduftiges Wohlgefallen auflöst. Ein Tempranillo ist immer samtig mundfüllend und niemals kantig, auch wenn er noch so viel Gerbstoff hat. Ein Sangiovese verfügt über staubigen Gerbstoffgrip im Finish, während ein Cabernet Sauvignon links und rechts auf der Zunge für ein geradliniges Tanningerüst sorgt. Es ist daher richtig spannend, welche Struktur der Gerbstoff der jeweiligen Rotweinsorte auf die Zunge zaubert.

Süße sowie Alkohol sollten sich gut in den Wein einfügen und nicht hervorstehen oder gar im Nachhall unangenehm hängen bleiben. Wie lange die Aromen des Weines im Rachenraum nachwirken, ist dabei ein entscheidendes Qualitätskriterium. Je länger der Wein nachwirkt, umso besser ist er. Neben den genannten Aromen- und Geschmacksbeschreibungen ist mir vor allem das Mundgefühl wichtig, dass ein Wein hinterlässt. Ist dieses eher dünn und nichtssagend, ist es fein gewoben und vielschichtig, kraftvoll, cremig oder gar ölig? Es ist spannend, sich auf diese verschiedenen Sinneswahrnehmungen einzulassen, sich dessen bewusst zu werden und im Gedächtnis abzuspeichern. Dabei sammelt man Weinerfahrung und sorgt dafür, dass nach und nach der Weingenuss vielfältiger und bunter wird.

Wie erkenne ich guten Wein

Ein guter Wein ist zunächst fehlerfrei, und damit meine ich frei von Korkgeschmack und Essigstich, und darf nicht überlagert sein. Er sollte typisch für Qualität, Rebsorte und Region schmecken. Ob ein Wein durch Flaschenreife gewinnen kann, erkenne ich daran, dass er sich bei längerem Stehen im Glas weiterentwickelt und facettenreicher wird. Ein Wein kann reifen, wenn er über Balance, einen langen Nachhall, Intensität und Komplexität der Aromen verfügt. So ist ein einfacher Müller-Thurgau zwar lecker, verfügt aber selten über einen langen Nachhall oder komplexe Aromen. Ein Wein, der in der Jugend über stechend schmeckenden und unbalancierten Alkoholgehalt verfügt oder über grün und kantig schmeckenden Gerbstoff, wird auch mit Flaschenreife nicht besser.

Emotionen und Geschmack

Der Geschmack wird auch von Emotionen beeinflusst. Wir alle kennen die Geschichte vom Steirischen Schilcher, der im Urlaub genial, aber hinter Schladming überhaupt nicht mehr schmeckt. Gerade wenn wir im Urlaub entspannt sind, wirkt sich das auf das Geschmacksempfinden aus. Ein positives Erlebnis, das mit einem bestimmten Wein verknüpft ist, kann das Genusserlebnis zudem erweitern. Der Champagner bei der Verlobung oder zum Beispiel die herzliche Weinprobe beim Winzer, wo man einen bestimmten Wein gekauft hat. All das fließt in den Genuss mit ein. Das sollte man berücksichtigen, wenn man Wein genießt, und auch deshalb ab und zu für besondere Weinmomente sorgen, die einem all die schönen Ereignisse wieder ins Gedächtnis rufen können.

DIE BESTEN GESCHENKTIPPS RUND UM DAS THEMA WEIN

TOLLE KOMBINATIONEN UND NETTES DRUMRUM

Wir alle kennen die Situation auf einen Geburtstag oder zum Abendessen eingeladen zu sein und keine Idee für ein originelles Geschenk oder Mitbringsel zu haben. Wein und Sekt sind beliebte Geschenke. Aber mit ein paar Tipps kann das Wein-Geschenk persönlicher gestaltet werden.

Wer der Beschenkten ein besonderes Genusserlebnis bieten möchte, kann Wein zusammen mit einem passenden kulinarischen Produkt verschenken. Vielleicht ein besonderes Gewürz in einer Schmuckdose wie Curry oder Raz el-Hanout, dazu ein Rezept und eine Flasche trockener Gewürztraminer aus dem Elsass oder einen Rotgipfler aus Österreich. Bunte Macarons passen zu Champagner oder Rosé-Sekt. Schaumweine werden vom Erzeuger oft in hübschen Schmuckkartons angeboten. In Feinkostläden kann nach einer besonderen Zartbitterschokolade Ausschau gehalten werden, die mit Portwein Late Bottled Vintage überreicht werden kann. Portwein gibt es übrigens auch in halben Flaschen mit 0,375 Litern Inhalt, was das Budget schont.

Weinbücher und Weinfilme

Neben Kulinarischem können wunderbare Weinbücher verschenkt werden. Dabei gibt es nicht nur schnöde Fachbücher. Eines der schönsten literarischen Werke wurde in den 1940er-Jahren mit dem Titel »Philosophie des Weines« von dem Ungarn Béla Hamvas geschrieben. Es ist eine Freude die zauberhaften Betrachtungen zum Weingenuss zu lesen. Dazu eine Flasche ungarischen Wein wie einen süßen Tokaji oder einen duftigen Rotwein von der Rebsorte Cabernet Franc aus Villány. Wer gerne kocht und Feste ausrichtet, dem kann die Erzählung »Babettes Fest« von Tania Blixen geschenkt werden, die es auch als oscarprämierte Verfilmung gibt. Dort wird die französische Köchin Babette beschrieben, die im Lotto gewinnt und im pietistischen Dänemark ein herrliches Festmahl ausrichtet. Dazu serviert sie Amontillado Sherry, roten Burgunder aus der Lage Clos de Vougeot und Champagner der Marke Veuve Clicquot. Über die rührige Witwe Clicquot – eine der frühen prägenden Weinfrauen – gibt es übrigens auch ein lesenswertes Buch mit dem Titel »Veuve Clicquot«. Krimifreundinnen können sich in der Weinwelt prima gruseln. Es gibt zahlreiche Werke rund um Wein, wie etwa »Vinum Mysterium« ein Eifelkrimi von Carsten Sebastian Henn, der im Ahrtal bei Bonn spielt. Dieses Buch kann mit einem Spät- oder Frühburgunder aus der Region verschenkt werden.

Edle Gadgets für Weinverrückte

Wer Weinverrückte beschenken möchte, kann dies mit einem edlen Notizbuch tun. Ebenso gibt es unzähliges Zubehör, vom einfachen Kellnermesser bis hin zum versilberten Korkenzieher aus der edlen französischen Messerschmiede Laguiole. Weinenthusiasten, die einen großen Weinkeller mit exklusiven Bouteillen zu Hause haben, freuen sich bestimmt über den Coravin.

Ein Abonnement für ein Wein- und Genussmagazin wie Falstaff, Vinum oder Feinschmecker wäre eine gute Idee. Für Anglophile kann man auch eines der vielen innovativen Weinmagazine aus dem englischsprachigen Raum abonnieren. Großartig und anspruchsvoll ist das Magazin »The World of Fine Wine«. Übrigens gibt es Wein nicht nur zum Trinken, sondern auch als raffinierte Pflegeprodukte. Über Lotion, Seife oder Badezusatz freut sich jede Weinfreundin.

BIOLOGISCHER ANBAU
VOM AUSSENSEITER ZUM VORREITER

Noch vor zwanzig Jahren wurden Biowinzer eher belächelt. Das waren die von der Wollsockenfraktion, die aus tiefster Überzeugung ökologisch, aber oftmals mit weniger handwerklichem Können wirtschafteten. Es fehlte die Erfahrung, wie mit den Herausforderungen im Bioanbau umgegangen werden soll. Heraus kamen dann Weine, die Biofreunde mehr aus Loyalität als aus Genussfreude tranken. Diese Situation hat sich heute völlig gewandelt. Bio ist zum breiten Mainstream geworden. Nicht nur in der Landwirtschaft auch in der Weinbranche gibt es eine starke Hinwendung zum biologischen Anbau. Die ökologisch bewirtschaftete Rebfläche in Europa nimmt zwar immer noch einen geringen Teil des Anbaus ein, hat sich in den vergangenen zehn Jahren aber verdreifacht. Nach Angaben des Schweizer Forschungsinstituts für biologischen Landbau liegt sie derzeit mit 230 000 Hektar bei 5,6 Prozent der Gesamtrebfläche. In Deutschland sind es knapp 8 Prozent der gesamten Weinberge, die ökologisch bewirtschaftet werden.

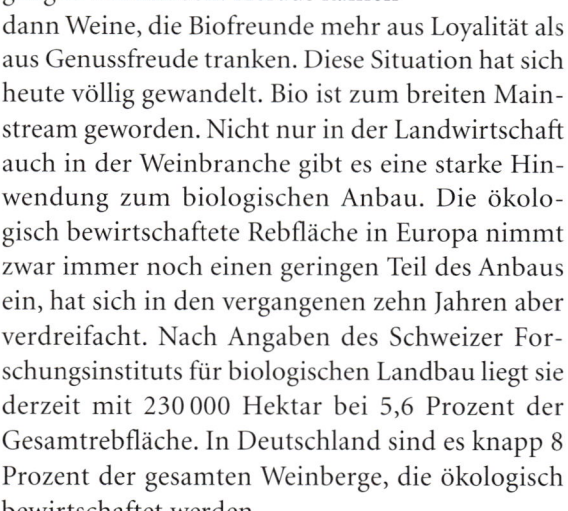

Raus aus der Dogma-Ecke!

Der Wandel in der Bioszene ist sehr spannend zu beobachten. Vor allem die jungen Winzer frisch aus dem Studium stellen den Familienbetrieb auf Bio um und viele renommierte Spitzenbetriebe, die sich von der Umstellung einen Kick in Qualität und geschmacklicher Diversität erhoffen. Aber auch Erzeuger, die ihre Weine fassweise an Abfüller verkaufen, wurden durch die höheren Erlöse und Subventionen zum Umdenken bewegt. Die Biobranche hat sich professionalisiert. Bioexperten in zahlreichen Verbänden bieten Beratung an, damit die Umstellung gelingt und Forschungsprojekte kümmern sich um wichtige Fragestellungen. Die Vermarktung und Lobbyarbeit wird gemeinsam organisiert, man tauscht sich aus und was noch viel wichtiger ist, Bio kommt aus der Dogma-Ecke heraus. Vorbei sind die polarisierenden Schwarz-Weiß-Debatten, wo konventionelle Winzer die ökologisch wirtschaftenden Kollegen schlechtreden und umgekehrt. Man respektiert sich und lernt voneinander.

Wo liegen die Unterschiede zwischen Bio und konventionell?

Um den Unterschied zwischen Bio und konventionell zu erklären, muss man die generellen Herausforderungen des Winzers im Weinberg kennen, die sich in drei Themenfelder gliedern: Schutz vor Pilzkrankheiten und Schädlingen, Unkrautbekämpfung und Düngung.

In einem kontinentalen Klima wie in Deutschland, wo es im Sommer während der Wachstumsperiode der Reben viel regnen kann, hat der Winzer mit Pilzkrankheiten zu kämpfen. Manche Weinfreundin, die gerne gärtnert, wird einige davon von ihren Rosen kennen. Mehltau und Graufäule machen den Pflanzen zu schaffen. Der konventionell arbeitende Winzer geht dagegen mit systemisch wirkenden Pflanzenschutzmitteln vor. Das sind hoch effiziente, aber eben chemische Mittel, die in die Pflanze eindringen, von innen heraus wirken und eine Langzeitwirkung entfalten. Der Biowinzer darf nur ökologische Kontaktmittel verwenden, die äußerlich aufgetragen

werden und nicht in die Rebe eindringen können, also kein Risiko von Rückständen bergen. Dazu zählen vor allem Schwefel und Kupfer, aber auch mit Backpulver und verschiedenen Pflanzenauszügen kann den Pilzkrankheiten der Kampf angesagt werden. Allerdings waschen sich diese Mittel bei Regen ab und müssen wieder neu aufgetragen werden. Ebenso kann der Einsatz von Kupfer, ein Schwermetall das sich im Boden anreichert, kritisiert werden. Es gilt, wer sauber wirtschaftet und auf einen gesunden Boden achtet, kann diese Problematik ausgleichen. In die nachhaltige Kalkulation gehört zudem der Umstand, dass die weniger wirksamen Mittel den Biowinzer paradoxerweise zwingen öfters zu spritzen als den konventionellen Kollegen. Es wird also mehr Diesel verbraucht und mehr Traktorfahrten durch den Weinberg können den Boden verdichten. Hier ist gute fachliche Praxis gefragt, um diesen Nachteil abzumildern. Bei der Schädlingsbekämpfung haben sich ökologische und konventionelle Winzer längst angenähert. Vorbei sind die Zeiten in denen mit übler Chemie den Insekten zu Leibe gerückt wurde und Nützlinge wie Schädlinge eliminiert wurden. Heute wird übergreifend mit Pheromonfallen gearbeitet sowie auf eine Begrünung zwischen den Rebzeilen geachtet, die Nützlinge anzieht und die Problematik der Monokultur Weinberg überwindet.

Ein weiteres Thema ist die Unkrautbekämpfung. Die Rebzeile muss unterhalb des Rebstockes sauber gehalten werden, damit die Gräser nicht in die Laubwand hineinwachsen. Dies kann mechanisch in Form von Mähen geschehen, allerdings nur, wenn der Weinberg nicht zu steil für den Traktor ist. Wer in den Steilhängen an der Mosel Bioanbau machen möchte, muss das Unkraut per Handarbeit mit Harke entfernen. Konventionelle Winzer können die Unterstockpflege mit dem umstrittenen Glyphosat vornehmen. Ein Unkrautvernichter der auch als »Roundup« bekannt ist und einfach auf das Unkraut gesprüht wird. Dieses Mittel hat eine nachteilige Wirkung auf das Bodenleben. All die Bakterien, Regenwürmer und Pilze, die in Symbiose mit der Rebpflanze leben und für deren gesundes Wachstum sowie Ernährung sorgen, können davon angegriffen oder gar abgetötet werden.

Ebenso unterscheidet die Art der Düngung die Winzer. Die konventionellen Winzer decken den Nährstoffbedarf der Rebe bequem mit Kunstdünger ab. Da dieser sofort für die Pflanze verfügbar ist, kann es allerdings passieren, dass die Rebe übermäßig wuchert und größere Blätter für eine dichte, wenig durchlüftete Laubwand sorgen und dann wieder mit mehr Spritzmittel gegen den Pilzdruck angekämpft werden muss. Ökowinzer dürfen nur mit organischen Düngern wie Einsaaten, Kompost oder Mist arbeiten. Auch hier ist eine gute fachliche Praxis wichtig, um weder Nährstoffmangel noch -überschuss zu erzeugen.

Im Weinkeller stellen sich weitere Herausforderungen für den Biowinzer, der viele der zahlreich zur Verfügung stehenden synthetischen Hilfsmittel nicht oder nur sehr eingeschränkt verwenden darf. Oftmals muss dem Wein mehr Zeit gegeben werden, um sich zu klären. Allerdings können dann nicht extrem knallfruchtige Weine erzeugt werden, wie sie konventionelle Winzer oft schon kurz nach der Ernte anbieten und die bei einem breiten Publikum beliebt sind. Auch das muss ein Biowinzer in seiner Vermarktungsstrategie berücksichtigen.

Die Frage nach den Kosten

Die ökologische Bewirtschaftung ist zweifellos aufwendiger. Vor allem in einem kontinentalen Klima wie in Deutschland, wo viel mehr für Pflanzenschutzmaßnahmen getan werden muss als im trockenen Süden von

> JA, BIOWEIN IST TEURER. IHN HERZUSTELLEN IST AUCH AUFWENDIGER!

BARDOLINO
DENOMINAZIONE
DI ORIGINE CONTROLLATA
Vino biologico

2015

Prodotto e messo in bottiglia
da Matilde Poggi
Cavaion Veronese, Italia
www.fraghe.it

CONTIENE SOLFITI · CONTAINS SULPHITES · ENTHÄLT SULFITER
INNEHÅLLER SULFITER · SISÄLTÄÄ SULFIITTEJA
PRODOTTO IN ITALIA

12,5 % vol

SYRAH

NICOLA

Deutscher Qualitätswein
A.P.Nr. 5 171 395
Erzeugerabfüllung
Weingut Stortz-Nicolaus
D-67434 Neustadt
Tel. 0 63 21 / 3 15
www.stortz-nicolaus

Wein aus Trauben aus
DE-ÖKO-006

Bioland

---

enthält Sulfite
Product of Germany
D-76831

* Als Schlupfwespen werden ...
Schlupfwespen haben noch w...
rechtigten Platz in einem fun...
darauf geachtet, eine möglichs...
ten, die den Winzer bei der Pf...
Leistung vieler weiterer kleine...
rechtigten Platz einnehmen. M...
Beitrag zur Erhaltung der wert...

demeter

alc. 11,5%

Europa. Das Mehr an Arbeitsaufwand in Deutschland führt aber nicht zu mehr Ertrag. Im Schnitt liegt dieser rund zwanzig Prozent unter dem der konventionell arbeitenden Kollegen. Damit kann deutscher Biowein nie günstig sein.

Was gibt es für Zertifizierungen?

Betriebe können sich nach den Basisrichtlinien der EG-Öko-Verordnung aus dem Jahr 2012 zertifizieren lassen. Sie tragen dieses Logo. Sie sind dann keinem nationalen Anbauverband angeschlossen. Neben Richtlinien für den Weinbau sind auch die Zusätze im Weinkeller teilweise reglementiert. Diese Form des Ökoweinbaus kommt den Winzern sehr entgegen, da keine Mitgliedsbeiträge anfallen und die verbandseigenen Restriktionen entfallen. Vielen passionierten Biowinzern gehen die EU-Richtlinien aber nicht weit genug. Sie schließen sich Verbänden wie Ecovin, Bioland, Naturland, Demeter oder dem Biokreis an. Diese stellen eigene, wesentlich strengere Richtlinien auf. Sie bieten den Winzern Beratung bei Anbau und Vermarktung an und leisten Lobbyarbeit auf politischer Ebene. Winzer, die einem Verband angehören, entrichten Mitgliedsbeiträge und Abgaben für die Warenzeichenlizenz.

Die Weinbergschnecke in ihrem Element – sie ist Zeichen eines gesunden Ökosystems

Der Unterschied zwischen biologischem und biologisch-dynamischem Anbau

Die biologisch-dynamische Wirtschaftsweise beruht auf den Impulsen des Anthroposophen Rudolf Steiner, der den meisten als Gründer der Waldorfpädagogik bekannt ist. Auf ihn geht auch der Bioverband Demeter zurück, der im Jahre 1928 entstand und damit die älteste Ökobewegung weltweit darstellt. Diese entwickelte sich als Antwort auf die Industrialisierung der Landwirtschaft, die Anfang des 20. Jahrhunderts an Fahrt aufnahm. Die Natur wurde dabei auf chemische und physikalische Prozesse reduziert, Kunstdünger und Pflanzenschutzmittel wurden erfunden. Hinzu kam eine neue ökonomische Lehre, die den Umgang mit Lebewesen und Pflanzen auf das rein Wirtschaftliche beschränkte. Schon damals sind viele Menschen den Verdacht nicht losgeworden, dass es größere Zusammenhänge in der Natur gibt, als es die Wissenschaft zu erklären vermag.

Die Biodynamik setzt dort ein und liefert einen geisteswissenschaftlichen Überbau zur landwirtschaftlichen Arbeit. Für Rudolf Steiner lässt sich die Natur eben nicht nur wissenschaftlich erklären, sondern es fließen auch subjektiv sinnliche Eindrücke in die Erkenntnis ein. Alte Weisheiten wie etwa, dass der Sternen- und Mondlauf Einfluss auf die Pflanzen habe, bezieht Steiner in die Arbeit ein.

Ebenso entwickelte er homöopathisch wirkende Präparate zur Pflanzenstärkung. Der Ausgangspunkt für die biologisch-dynamische Wirtschaftsweise ist also wie im Bioanbau der Verzicht auf chemische Spritzmittel und Kunstdünger. Hinzu kommen die von Rudolf Steiner entwickelten, geisteswissenschaftlichen Grundlagen, die der Winzer in die Arbeit integrieren soll sowie zum Beispiel die Anwendung von homöopathischen Präparaten.

Schmeckt Bio besser?

Nachdem Geschmack eine subjektive Wahrnehmung ist, muss diese Frage jede Weinkennerin für sich selbst entscheiden. Großartige Weine entstehen mit ökologischer und konventioneller Anbaumethode. Wir haben die Wahl!

VEGANER WEIN
EIN TREND, DER BLEIBEN WIRD?

In den vergangenen Jahren gab es zahlreiche Lebensmittelskandale. Dabei geht es nicht nur um die Risiken für die menschliche Gesundheit, sondern auch um die Art wie mit Nutztieren umgegangen wird. Arme Schweine in Riesenställen, überzüchtete Puten, die vor lauter Brust kaum noch laufen können, oder männliche Küken, die am ersten Tag ihres Lebens geschreddert werden, weil sie weder Eier legen noch effizient Fleisch ansetzen, gehören zum Alltag. Nach jedem Skandal gibt es den Aufschrei der Öffentlichkeit, gefolgt von einem Punkteplan aus dem Landwirtschaftsministerium. Die zum Sündenbock erklärten Bauern schieben die Verantwortung auf den Verbraucher, der mit seiner ständigen Jagd nach Schnäppchen eine ethische Erzeugung unmöglich macht. Wirklich geändert hat sich das System Landwirtschaft bisher nicht. So ist es kein Wunder, dass immer mehr Verbraucher aus dieser Spirale aussteigen und zwar komplett. Nach Angaben des Vegetarierbundes (VEBU, 2015) verzichten mittlerweile 900 000 Veganer in Deutschland auf tierische Produkte. Wer sich darauf einlässt, wird erstaunt sein, was sich aus Mandelmus, Tofu, Hefeflocken und Gemüse alles zaubern lässt. Die vielen Kochbücher und Stars der Szene zeigen, dass Veganer keineswegs genussfrei unterwegs sind und Genießer trinken auch gerne Wein, sodass das Thema veganer Wein längst in der Branche angekommen ist.

Wie wird Wein vegan?

Ein Winzer, der veganen Wein bereitet, verzichtet während der Weinbereitung auf tierische Produkte. Das können verschiedene tierische Eiweiße wie Hühnereiweiß oder Fischeiweiß sein, um dem Wein Gerbstoffe zu entziehen, oder Gelatine, um Trubstoffe zu entfernen. Bei der Verwendung von diesen sogenannten technischen Hilfsstoffen verbleiben zwar keine Rückstände, aber ein Veganer möchte sicher sein, dass tierische Produkte generell nicht verwendet wurden. Verbände wie der Vegetarierbund oder die Vegan Society aus England bieten hier Zertifizierungen an. Und auch private Firmen haben ihr eigenes Siegel entwickelt.

Doch es wird Kritik laut, denn vegan ist lebensmittelrechtlich weder einheitlich definiert noch geschützt und die Kontrollen gelten als nicht transparent. Hier gibt es noch Handlungsbedarf. Zudem stellen sich viele Biowinzer die Frage, inwieweit sie vegan sein können. Viele nutzen Mist von Nutztieren als natürlichen Dünger, um die Bodenfruchtbarkeit zu sichern und das Bodenleben zu fördern. Besonders für die biologisch-dynamisch wirtschaftenden Winzer gehören artgerecht gehaltene Nutztiere zu einer gesunden Landwirtschaft und zum Kreislauf der Natur – ein Gedanke, den strikte Veganer nicht nachvollziehen wollen.

VEGAN ZU LEBEN HEISST NICHT, GENUSSFREI UNTERWEGS ZU SEIN!

HÄSSLICHE ENTLEIN, SCHMUDDELKINDER...
... UND ANDERE ÜBERRASCHUNGEN

Kriegen Sie schon Kopfschmerzen, nur wenn Sie das Wort Lambrusco hören? Denken Sie bei Beaujolais eher an Sodbrennen als an feinen Wein? Sind Sie der Meinung Asti soll verboten werden? Dann wird es Zeit, dass Sie Ihre Vorurteile überwinden, denn im Körper des hässlichen Entleins schlummert ein schöner Schwan.

Es gibt verschiedene Gründe warum ganze Regionen zu No-go-Areas für Weinfreunde und Rebsorten zu Schmuddelkindern erklärt wurden. Die meisten dieser Regionen wurden Opfer ihres eigenen Erfolges wie zum Beispiel Kalterersee oder Beaujolais. Die große Nachfrage verleitete die Winzer, die Ertragskraft der Rebsorten über Gebühr auszunutzen, hinzu kam schlechte Weinbereitung und außerdem hatte sich die Mode hin zu schweren und konzentrierten Rotweinen entwickelt. Alles Gründe, warum die eher leichteren Kalterersee und Beaujolais zu Ladenhütern wurden. Ein anderer Imagekiller ist Süße im Wein, die als Make-up missbraucht werden kann. Etwas Restzucker verleiht dünnen Weinen scheinbar mehr Körper und Geschmack. Nicht ohne Grund sind die billigsten Weine süß. Allerdings gibt es Weinstile, zu denen einfach Süße gehört. Wie etwa ein Moscato d'Asti, der durch ein paar Gramm Restzucker seine Aromenpracht erst richtig entfalten kann. Außerdem mögen die wenigsten Weinfreundinnen die knochentrockenen Weine, sondern schätzen unterschwelligen Restzucker durchaus. Es gehört nur zum guten Ton, stets nach trockenem Wein zu verlangen. Dann gibt es Rebsorten, die einfach als »Arbeitspferde« abgestempelt wurden, weil sie unkompliziert im Anbau und solide im Ertrag sind. Wie Müller-Thurgau, der ganz zauberhafte Weine hervorbringen kann. Es wird also Zeit, einen Blick auf die hässlichen Entlein der Weinwelt zu werfen.

Lambrusco – das verkannte Genie

Den armen Lambrusco hat es übel erwischt. Das grauenhafte Gesöff in Literpullen, das einem vom Pizza-Lieferservice aufgedrängt wird, obwohl man bei der Bestellung hoffte, wenigstens dieses Mal eine Cola geschenkt zu bekommen. Dabei hat echter Lambrusco überhaupt nichts mit diesem fiesen Gebräu zu tun. Der leicht perlende Rotwein stammt aus der Emilia-Romagna, dem Landstrich in Italien, der sich an der fruchtbaren Po-Ebene befindet. Die Region ist das Eldorado großartiger Lebensmittel. Hier gibt es luftgetrockneten Schinken, Salami, Mortadella, Parmigiano Reggiano, echten Balsamico und eine herrlich deftige Küche. Ein perlender, fruchtiger Lambrusco mit hoher Säure und feinem bitteren Tannin ist der perfekte Begleiter dazu. Kein anderer Wein passt besser zu mit reichlich Parmesan garnierten Spaghetti bolognese. Probieren Sie es aus!

Besuchen Sie einen Fachhändler für italienische Weine und fragen Sie nach einem herzhaften, dunkelfarbigen Lambrusco Grasparossa oder einem roséfarbenen und duftigen Lambrusco Sorbara. Sie werden überrascht sein und einen neuen Lieblingswein gefunden haben.

Neuzüchtungen wie Dornfelder und Müller-Thurgau

Besonders in Deutschland sind Neuzüchtungen weit verbreitet. Die Rebschulen hatten dabei immer den Hintergedanken Rebsorten zu züchten, die in unserem kühlen Klima zuverlässig ausreifen, sich auch in weniger günstigen Weinberglagen wohl fühlen, weniger anfällig für Krankheiten sind

Beim Beaujolais gibt es eine enorme Vielfalt zu entdecken!

und zuverlässig Ertrag liefern. Viele dieser Rebsorten erfüllen ökonomisch eine wichtige Funktion, denn ein Winzer hat nicht nur Premiumlagen für noble Rebsorten wie Riesling und Spätburgunder, die zudem viel Arbeitsaufwand in Weinberg und Keller bedeuten. Es gibt eben auch Weingärten, die weniger begünstigt sind. Dafür braucht es Rebsorten, die auch dort zuverlässig reifen und mit deutlich weniger Arbeitsaufwand konsumtaugliche Weine hervorbringen. Das mag bei eingefleischten Weinkennern für ein verächtliches Naserümpfen sorgen. Warum eigentlich? Schließlich kann der Winzer so in seinem Portfolio solide und günstige Weine anbieten und einmal ehrlich – wer von uns gibt immer mehr als 10 Euro für eine Flasche Wein aus? Ein gut bereiteter Müller-Thurgau kann richtiges Trinkvergnügen bieten. Dezent aromatisch, moderat in Säure und Alkohol, ist er ideal zu alltäglichen Gerichten. Ebenso alltagstauglich ist ein gut bereiteter Dornfelder. Er bringt herrlich dunkelfarbige, dunkelfruchtige Rotweine mit moderatem, samtigem Gerbstoffgerüst hervor. Am besten kaufen Sie diese Weine nicht im Supermarkt, wo oft beliebige Massenware daraus angeboten wird, sondern beim Winzer direkt oder Sie lassen sich im Fachhandel beraten.

Leichte Rotweine wie Beaujolais oder Vernatsch

Weingeschmack unterliegt Moden. Das kann man auch beim Rotwein beobachten. Als ein gewisser Weinkritiker namens Robert Parker die Weinwelt aufmischte, waren auf einmal die kräftigen, üppigen und konzentrierten Rotweine gefragt. Qualität wurde mit Konzentration gleichgesetzt: je oller, je doller. Vorbei waren die Zeiten, wo Rotwein auch einmal leichtfüßig oder vielleicht sogar leicht gekühlt daherkommen konnte. Viele dieser sogenannten Parker-Weine sind in der Weinwelt als »Verkostungsmonster« bekannt. Solche Weine überzeugen Weinkritiker, die für ihre Bewertungen oft zig Weine nacheinander verkosten. Da bleibt natürlich der Rotwein positiv im Gedächtnis, der am meisten Alkohol und Extrakt hat. Aber ist das wirklich der Wein, den wir auch mit Freunden oder einfach einmal abends trinken wollen?

Ich persönlich liebe leichten Vernatsch, der hellrot ins Glas läuft, über zarte Kirsch- und Mandelaromen verfügt und aufgrund kaum vorhandenem Gerbstoff auch leicht gekühlt werden kann. Ein Wein, der niemals zu teuer ist und ideal zu gegrilltem Fisch oder einfach zur Pasta passt. Das Gleiche gilt für einen gut gemachten Beaujolais. Hier sollte man nicht anonyme Weine im Supermarkt kaufen, sondern zum Fachhändler gehen oder im Urlaub in diese Genussregionen fahren und beim Winzer vor Ort einkaufen.

Süße im Wein

Mittlerweile gibt es fast eine Paranoia, wenn es um süßen Wein geht. Diese Entwicklung hat mit dem Glykolskandal in den 1980er-Jahren seinen Lauf genommen. Damals waren richtig süße Weine en vogue und zu dünne Tropfen wurden von skrupellosen Händlern mit Frostschutzmittel aufgebessert. Süße wurde zum Makel erklärt und strikt abgelehnt. Heute werden selbst Rebsorten wie zum Beispiel Riesling, denen traditionell ein paar Gramm Restzucker geschmacklich und auch bei der Flaschenreife guttun, dessen beraubt. In Kennerkreisen beliebter Champagner muss jetzt in der Geschmacksrichtung »zéro dosage« oder »brut nature« angeboten werden – also furztrocken. Solche Champagner schmecken so anorektisch, dass ich beim Trinken immer an Kate Moss und »Heroin Chic« denken muss. Ein Albtraum! Sicherlich kann Süße im Wein missbraucht werden, das bedeutet aber nicht, dass wir Restzucker pauschal ablehnen müssen. Ich denke, wir Weinfreundinnen können es uns durchaus zutrauen eine trivial, süße Plörre von einem feinen, fruchtigen Wein zu unterscheiden. Weine zu denen einfach ein paar Gramm Restzucker gehören sind ein Moscato d'Asti oder ein herrlicher Riesling Kabinett von der Mosel. Viele Aromarebsorten wie Gewürztraminer oder Scheurebe schmecken fantastisch mit ein paar Gramm Restzucker. Zusammenfassend kann man sagen, dass man nicht jeder Mode hinterherlaufen, sondern seinem Geschmack vertrauen sollte und: bleiben Sie neugierig!

> **NO SIR! SÜSS BEDEUTET NICHT GLEICH TRIVIALE PLÖRRE!**

DIE WICHTIGSTEN REBSORTEN & WEINSTILE

WEINLAND DEUTSCHLAND
WAS BEI UNS AN WEISSEN UND ROTEN TRAUBEN WÄCHST

Wer die Weine hierzulande verstehen will, braucht eigentlich nur auf die Landkarte zu schauen. Unsere Weinbaugebiete liegen im weltweiten Vergleich ungewöhnlich weit im Norden und sind vom relativ kühlen Klima geprägt. Zudem sind sie eingebettet inmitten des europäischen Kontinents ohne mildernde Meereseinflüsse. Man spricht von einem kontinentalen Klima mit ausgeprägten Jahreszeiten und Regenfällen auch im Sommer. Rebsorten wie Riesling, Silvaner, Scheurebe & Co bekommen dadurch die lange Wachstumszeit, die sie brauchen, um ein Maximum an Geschmack und Raffinesse zu entwickeln. Die kühlen Temperaturen sorgen für moderaten Alkoholgehalt, frische Säure und Fruchtaromen. Deutschland ist deshalb das Eldorado für komplexe, knackig-saftige Weißweine.

Aber auch rote Rebsorten, die es nicht ganz so heiß mögen wie der legendäre Pinot Noir (Spätburgunder) oder der süffige Dornfelder, bringen exzellente Rotweine hervor. Aufgrund des Klimawandels ist es mittlerweile in besonders geschützten Lagen sogar möglich, Cabernet Sauvignon, Syrah und Merlot zu kultivieren, die man sonst eher aus südlicheren Gefilden kennt. Allerdings sind die Rebflächen dafür eher klein.

Weltberühmt sind wir für unsere Weißweine, allen voran den Riesling, den schon namhafte Frauen wie Queen Victoria und vielleicht auch die zauberhafte Rose mit ihrem Jack genossen haben, schließlich war der teuerste Wein, der mit der Titanic unterging, ein deutscher Riesling.

Riesling

Riesling ist eine ganz aufregende Rebsorte, denn sie kann ihre Herkunft geschmacklich besonders gut widerspiegeln. Region, Klima, Boden, alles schlägt sich in den Aromen und der Struktur des Weines nieder. So verfügt Riesling über intensive Aromen, die durch eine frische Säure betont werden. Wer ungeholzte Weine bevorzugt, liegt bei dieser Sorte immer richtig. Ein Ausbau in neuen Holzfässern würde den Charakter des Weines unharmonisch beschweren und ist daher unüblich. Für die perfekte Wahl sollten Sie allerdings berücksichtigen, dass aus Riesling jeder Weinstil erzeugt werden kann. Von trocken über halbtrocken bis hin zu jedem vorstellbaren Süßegrad ist alles möglich. Möchten Sie sichergehen, dass der Wein über keine Restsüße verfügt, müssen Sie darauf achten, dass irgendwo auf der Flasche das Wort »trocken« zu finden ist. Fehlt diese Angabe und hat der Wein weniger als 12 Vol.-% Alkohol, können Sie davon ausgehen, dass es sich um einen fruchtigen Weißwein handelt.

Probieren sollten Sie auf jeden Fall die Geschmacksrichtung feinherb oder halbtrocken. Hier hat der Wein mehr Restzucker als die für die trockenen Weine gesetzlich erlaubten neun Gramm pro Liter, aber noch nicht so viel Süße, dass es pappig werden würde. Gerade mit der frischen Art des Rieslings ergibt sich dadurch eine enorme Spannung zwischen Süße und Säure, die sich hervorragend mit kräftig gewürzten Speisen und Gerichten der thailändischen Küche kombinieren lässt.

Wer Bedenken hat, einen Riesling mit zu viel Säure zu erwischen, sollte Weine aus einer wärmeren Region wählen, zum Beispiel aus der Pfalz, die nicht zu Unrecht als Toskana Deutschlands bezeichnet wird. Diese Rieslinge haben mehr Fleisch auf den Rippen als im kühleren Rheingau mit seinen schlanken Weinen. Großartig ist, dass die Rebsorte Riesling selbst bei höheren Erträgen ihre Charakteristik und ihre hohe Qualität behält.

»WHAT'S THE DIFFERENCE BETWEEN A MAN AND A BOY?«

Riesling verführt mit Aromen von Steinobst, Zitrusfrüchten, Honig und weißen Blüten

Weinland Deutschland

Daher können Sie beruhigt auch günstigere Rieslinge kaufen und mit einem tollen Weinerlebnis rechnen. Um die ganze Vielfalt der Rebsorte kennenzulernen, lohnt es sich einmal Weine aus verschiedenen Spitzenlagen zu verkosten. Vielleicht lagern Sie auch ein paar Flaschen ein, um dem Alterungspotenzial sowie den Terroirunterschieden nachzuspüren. Übrigens ein herrliches Hobby. So wird jeder verstehen, dass Riesling die wichtigste deutsche Weißweinsorte ist und zu Recht als »noble« Rebe bezeichnet wird. Im Gegensatz zu weniger edlen Sorten können die besten Weine in der Flasche reifen, gewinnen dabei an Komplexität und werden besser. Mit anderen Worten: »That's the difference between a man and a boy« oder »a lady and a girl«.

Weiß- und Grauburgunder

Keine anderen Rebsorten haben in den letzten Jahren so an Anbaufläche in Deutschland hinzubekommen wie Weiß- und Grauburgunder. Für deren Beliebtheit gibt es viele gute Gründe. Beide Sorten sind eher neutral bis semiaromatisch, was vielen Weinfreundinnen entgegenkommt. Schließlich ist nicht jede von Aromabomben wie Sauvignon Blanc oder Muskateller begeistert. Ebenso macht der moderate Säuregehalt die Weine zum Renner. Ganz egal welches Essen bestellt wird oder wer zu Besuch kommt, mit Weiß- oder Grauburgunder können Sie nichts falsch machen. Beide Rebsorten entstammen der weit verzweigten Burgunderfamilie, einer der ältesten Rebsortenfamilien, mit weiteren illustren Mitgliedern wie Chardonnay, Spät- und Frühburgunder. Und während sich der Riesling auf den kargsten Schieferböden so richtig abschindet, um dann scheinbar mühelos beste Ergebnisse zu erzielen, mögen es die beiden Burgunder eher gemütlich. Schön warm und sonnig soll es sein, mit bitte genug Nährstoffen und Wasser im Boden. Grauburgunder (Pinot Gris) ist der intensiver duftige von den beiden. Reife Birnennoten sind verbunden mit einer rauchigen Würze und im Finish gibt ein dezenter, gerbstoffhaltiger Biss den trockenen Weinen oft noch einen Kick mit. Pinot Gris gibt es in unterschiedlichen Stilrichtungen. Da sind die schlicht ausgebauten Zechweine, die mit den einfachen Pinot-Grigio-Weinen aus Italien um Anhängerschaft buhlen. Aber es gibt auch die im Barrique ausgebauten, komplex-würzigen Weißweine, die durch Flaschenreife gewinnen und die mit dem richtigen Gericht kombiniert besonders gut zur Geltung kommen. In diese Kategorie fallen besonders die Grauburgunder aus Baden. Vor allem wenn sie auf dem Kaiserstuhl, einem erloschenen Vulkan, wachsen. Da scheint es fast so, als ob die erkaltete Lava die rauchige Würze des Grauburgunders noch einmal extra befeuert.

Der Weißburgunder (Pinot Blanc) fällt dezenter aromatisch, cremiger und schmeichelnder aus. Wird Pinot Blanc auf zu belanglosen Lagen angebaut, kommen zuverlässige, aber ehrlich gesagt stinklangweilige Weine heraus. Das muss nicht immer schlecht sein, schließlich ist das Leben aufregend genug. Zur Hochform läuft Weißburgunder auf, wenn er zum Beispiel im kühleren Franken angebaut wird. Dann bekommt er einen spannenden Säurebogen mit auf den Weg. Ebenso vielschichtig kann der Pinot Blanc von den Pfälzer Kalkböden ausfallen. Auch den Weißburgunder gibt es vom im Stahltank ausgebauten Zechwein bis hin zum Holzfass gereiften Speisenbegleiter.

Übrigens ob ein Weiß- oder Grauburgunder im Holzfass ausgebaut sein könnte, erkennen Sie oft an der Flaschenform und am Preis. Ist der Wein in bauchigen Burgunderflaschen abgefüllt und kostet deutlich mehr als 15 Euro, ist die Chance groß, dass Holzfassausbau mit im Spiel war. Schließlich kostet ein neues Barriquefass aus bester französischer Eiche mehrere hundert Euro. Dafür gibt das Holz dann komplexe Vanille- und Toastaromen ab, die einem Wein mit Statur noch mehr Schichten verleihen.

> **WEISS- UND GRAUBURGUNDER GEHEN IMMER**

Weißburgunder wird wegen seiner moderaten Säure und zurückhaltenden Aromen von gelben Früchten geschätzt

Silvaner: Nenn mich nicht Spargelwein!

Weingenießerinnen tendieren dazu Silvaner zu unterschätzen. Grund dafür könnte sein, dass fränkische Silvaner oft im rundlichen, wenig stylishen Bocksbeutel daherkommen und im Frühsommer einfach gestrickter Silvaner überall als belangloser Spargelwein verramscht wird. Mit ihrer zurückhaltenden Art wirkt die Rebsorte vor allem neben dem extrovertierten Dauerbrenner Riesling wie ein Mauerblümchen. Doch stille Wasser sind bekanntlich tief. Silvaner ist der ideale Begleiter zu Gerichten der modernen Küche. So haben die besten Weißweine viel Kraft und Struktur, aber kein Gewicht. Damit passen sie unvergleichlich gut zur leichten Küche von heute, in der man mit viel Gemüse, Kräutern und Gewürzen, aber wenig Fett hantiert. Mitsamt ihrer feinen vegetalen Aromatik umspielen sie raffinierte Gemüse- oder Fischgerichte ohne dabei selbst unsichtbar zu werden.

Silvaner ist hauptsächlich in den Regionen Rheinhessen und Franken zu finden. In Rheinhessen spielt die Rebsorte allerdings die zweite Geige. Die Winzer haben die besten Lagen und ihr Herzblut für Riesling und Burgundersorten reserviert, aber einzelne Weingüter entdecken sie neu. Weltklasse-Silvaner findet man vor allem in Franken. Die Rebsorte ist aufgrund ihres geringeren Säuregehalts besonders für den Anbau im kühlen, kontinentalen Klima der Region rund um Würzburg geeignet. Hier kann sie auf den besten Lagen zeigen, was sie draufhat, und die Winzer haben sich Silvaner auf die Fahnen geschrieben. Wer Silvaner bestellt, kann davon ausgehen einen trockenen Weißwein zu bekommen. Allerdings gibt es ihn in unterschiedlichen Stilen. Da sind die süffigen, leichten und fast neutralen Zechweine. Dann gibt es komplexe, vielschichtige Weißweine aus berühmten Weinberglagen. Aber man findet auch die verrückten Silvaner, die zum Beispiel im Beton-Ei ausgebaut wurden und herrlich unangepasst kantig und mit viel Würze daherkommen. Wer in die Welt des Silvaners eintaucht, wird haufenweise mit Entdeckungen belohnt. Schade eigentlich, dass sich viele in der Weinbranche wenig Mühe machen und den stillen Star bescheiden als »Spargelwein« verkaufen. Also Schluss mit der Zurückhaltung, denn »Bescheidenheit ist eine Zier – doch weiter kommt man ohne ihr!«

Gutedel: weniger Säure!

Wer nach dezent aromatischen Weinen mit besonders wenig Säure sucht, sollte nach Gutedel Ausschau halten. Gutedel wird hauptsächlich am südlichen Ende der Region Baden, dem Markgräflerland, sowie in der Schweiz angebaut. Bei den Eidgenossen verbirgt sich die Rebsorte hinter den Synonymen Chasselas oder Fendant. Unter dem Begriff Mädchentraube wurde eine Spielart dieser auch als Tafeltraube beliebten Sorte bekannt. Sie findet man in Südosteuropa. Die Rebsorte ist relativ genügsam und kann ordentlich hohe Erträge liefern. Im Zusammenspiel mit ihrer neutralen Art entstehen sehr süffige wie milde Zechweine, die in den Regionen zu typischen Gerichten serviert werden. So trinkt man den Fendant aus dem Schweizer Wallis gerne zu Käsefondue und Raclette, der Markgräfler Gutedel schmeckt hervorragend zu gebratenem Süßwasserfisch wie Forelle Müllerin.

Alltagsheld Müller-Thurgau

Müller-Thurgau ist eine der vielen sogenannten Neuzüchtungen in Deutschland. Wobei es eine der älteren Sorten ist, die man durch Kreuzung von zwei verschiedenen Rebsorten kreiert hat. Ein Herr Müller aus dem Schweizer Kanton Thurgau kam im 19. Jahrhundert auf die Idee, die Qualität des

Linke Seite: Silvaner ist mit seinen vegetabilen Aromen und moderaten Säure der ideale Begleiter zu raffinierten Gemüsegerichten

Müller-Thurgau wird wegen seiner zart nussigen Aromen und leichten Art geschätzt

Rieslings mit dem zuverlässig Ertrag bringenden und früher reifenden Silvaner zu verbinden. Durch Kombination der zwei Sortennamen kam dann das Synonym Rivaner zustande. Spätere DNA-Analysen haben zwar gezeigt, dass die zweite Rebsorte nicht Silvaner, sondern die eher unbekannte Weißweinrebe Madeleine Royale war, aber das Züchtungsziel wurde trotzdem erreicht.

Müller-Thurgau reift vier Wochen früher als der noble Riesling und ist damit für den Anbau in weniger begünstigten Weinlagen geeignet. Das sind oft Flachlagen mit kühleren, fruchtbaren Böden, wo sich der Rivaner wohlfühlt, noch zuverlässig ausreift und hohe Erträge bringt. Müller-Thurgau ist nie ein komplexer Wein, den man länger lagern sollte. Aber mit Hilfe moderner Anbaumethoden und Kellertechniken machen die Winzer anständige, in der Regel trockene Zechweine daraus. Die Weine sind mit moderater Säure ausgestattet, leicht im Alkohol und zurückhaltend blumig mit dezenten Aromen von Zitrone und Muskat. Der Brot-und-Butter-Wein Rivaner ist der ideale Begleiter zu selbiger Speise oder eben zu anderen Gerichten aus der Alltagsküche.

Gewürztraminer: Rosenduft pur

Auch Weingeschmack ist wechselnden Moden unterworfen. Manchen erinnert die oft schwülstige Art des Gewürztraminers an die 1970er-Jahre. Die Lampenschirme oder Tapeten aus dieser Zeit konnte und wollte man wegen der knalligen und schrägen Farbkombinationen viele Jahre nicht mehr sehen, bis Retrodesign-Läden sie wiederentdeckten und hip machten. Vielleicht erlebt auch der Gewürztraminer mit seinem intensiven Bukett ein ähnliches Revival. Bei den Winzern ist der Gewürztraminer aufgrund seiner Divenhaftigkeit im Weinberg berüchtigt. Vor allem die alten Klone, die diesen betörenden würzig-rosenduftigen Geschmack ins Glas zaubern, sind empfindlich und bringen sehr kleine Erträge hervor. Deshalb wurde die Rebsorte an den Pflanzschulen bearbeitet, um gleichmäßige Erntemengen zu liefern. Allerdings erinnern die Weine von solchen Klonen eher an billigen Weichspüler als an ein großes Gewächs. Viele Winzer haben das erkannt und widmen der Rebsorte heute wieder mehr Aufmerksamkeit.

Wer einen guten Gewürztraminer ergattert, kann im Glas eine wahre Aromenpracht beschnuppern: englische Teerosen, Pfeffer, Bergamotte, Litschi und Orangenblüte. Typisch ist eine moderate Säure und eine ölige Textur, die den Mund angenehm auskleidet sowie dieser typisch würzige Nachhall, der im Geschmack an einen orientalischen Gewürzbazar erinnert. Es gibt ganz trockene Gewürztraminer, die hervorragend zu Currygerichten, aber auch zu arabischen Rezepten passen. Ein saftiger Couscous mit Granatapfelkernen und Koriander wäre eine Empfehlung. Ein besonderer Tipp ist leicht süßer Gewürztraminer zu reifem Rotschmierkäse wie Munster. Der Käse ist ebenso intensiv wie der Wein und die Kombination verschmilzt im Mund zu einem cremigen Gesamtkunstwerk. Da bleibt dann nur noch, ohne Reue zuzugeben, dass es Dinge gibt, die es Wert sind, keine Mannequinfigur zu haben.

Neuzüchtungen: süße Sünden

Viele kennen die Namen noch von den Weinflaschen ihrer Eltern oder Großeltern: Morio-Muskat, Ortega, Huxelrebe oder Bacchus. Bis in die 1980er-Jahre omnipräsente Namen auf deutschen Weinetiketten. Hinzu kamen lustige Lagennamen wie Krötenbrunnen, Nacktarsch oder Schwarze Katz, Prädikate wie Spätlese und ein paar Goldmedaillen, die die pappigen Schädelspalter als Gewinner seltsamer Verkostungen auswiesen. Der Spuk endete mit dem Glykolskandal, als Winzer schlechten Wein mit Frostschutzmittel süßten. Seitdem haben Süße im Wein und Rebsorten wie Bacchus, Huxelrebe & Co ein negatives »Geschmäckle«. Doch wie ist es dazu gekommen?

Deutsche Winzer haben es mit einem kühlen Klima zu tun. Es kann daher in weniger guten Lagen schwierig sein, noble Rebsorten wie Riesling oder Spätburgunder zur Reife zu bringen. Rebzüchter können hier Abhilfe schaffen, indem sie Sorten kreuzen, um gewünschte Eigenschaften zu betonen. Gerade Rebsorten, die in den 1950er- und 1960er-Jahren entstanden sind, können auch in ungünstigen Lagen ausreifen, viel Ertrag bringen, schnell Zucker einlagern und über ein blumig-fruchtiges Bukett verfügen. Alles Eigenschaften, die Rebsorten mit Namen wie Bacchus oder Huxelrebe beliebt machten. Man könnte also

Gewürztraminer bieten intensive exotische Aromen und einen unwiderstehlichen Rosenduft

aus diesen Rebsorten anständige Zechweine machen. Wird allerdings die Wuchs- und Ertragskraft dieser Sorten ausgenutzt und keine Sorgfalt auf Anbau und Kellertechnik gelegt, kommen wenig schmeichelhafte Weine heraus. Problematisch wird es dann, wenn diese Unebenheiten mit ein paar Gramm Restzucker übertüncht werden. Dünnen Weinen wird durch Süße zu scheinbar mehr Körper und Frucht verholfen. Es ist also keine Überraschung, dass billige und einfach gestrickte Weine oft pappig daherkommen und Süße im Wein von Kennern kritisch beäugt wird. Das ist sehr schade, denn so haben es auch die hochkarätigen fruchtigen Moselrieslinge schwer, die mit ihrer Aromenfülle und Vielschichtigkeit eine regelrechte Magie der Süße entwickeln. Aber zurück zu unseren unglücklichen Neuzüchtungen. Zur Ehrenrettung sei gesagt, dass man aus diesen Sorten durchaus solide Weine bereiten kann. Ein fränkischer Bacchus kann ansprechend blumig mit feinen Cassisnoten bestechen, ein trocken ausgebauter Kerner aus Württemberg angenehm nussig und gelbfruchtig schmecken und eine hochreife, fruchtige Huxelrebe aus Rheinhessen eine so betörende Exotik entwickeln, dass selbst die Kennerin fragt: »Kann denn Süße wirklich Sünde sein?«

Rock'n'Roll mit Spätburgunder

Spätburgunder (Pinot Noir) ist neben Riesling längst Aushängeschild für deutschen Weinbau. Heute ist sie die wichtigste rote Rebsorte in Deutschland und kann sich mit den besten Pinot Noir der Welt messen. Es sind so großartige Weine, dass unlängst ein englischer Journalist seine Lobeshymne auf den deutschen Spätburgunder mit dem Titel »Château Black Forest rocks!« überschrieb. Recht hat er!

Das mag einige Weinfreundinnen vielleicht verblüffen. Schließlich hatte vor zwanzig Jahren deutscher Rotwein einen eher bescheidenen Ruf. Bis in die 1980er-Jahre entstanden derart schreckliche Weine, dass Weinpapst Robert Parker deutschen Rotwein als »grässlich dünn« und die Winzer als »inkompetent« bezeichnete. Man musste einen langen Weg zurücklegen, aber Klimawandel, verbesserte Weinbau- und Kellertechniken sowie eine junge und top ausgebildete Winzergeneration brachten schließlich den Durchbruch. Da die empfindliche Rebsorte jedoch weiterhin nach hohem Pflegeaufwand im Weinberg verlangt und wenig Ertrag liefert, können Weine daraus nie so günstig sein wie zum Beispiel ein Dornfelder.

Schwierig ist es, die vielen deutschen Spätburgunder stilistisch in eine Schublade zu stecken. Dafür wird die Sorte in zu unterschiedlichen Regionen angebaut. Gemeinsam haben sie nur das eher rotfruchtige Aroma, die frische Säure und das milde Gerbstoffgerüst. Wer beim Spätburgunder den eleganten, französischen Burgunderstil bevorzugt, sollte sich im Rheingau, in Franken, dem badischen Kraichgau oder im Breisgau umsehen. Reifer, saftiger und geschmeidig kommen die Pinot Noir aus der Pfalz und Rheinhessen daher.

Ganz unverwechselbare Spezialitäten sind die Spätburgunder aus dem winzigen Anbaugebiet Ahr bei Bonn, wo die Reben auf Schieferböden wachsen. Hier verfügen die Spätburgunder über Aromen von Cassis, Schwarzkirschen, getrockneten Kräutern und Rauchspeck und sind am Gaumen kernig und saftig zugleich. Ebenso ungewöhnlich sind die Spätburgunder aus dem südlichen Baden. Allen voran vom Kaiserstuhl, wo sich die wärmsten Weinberglagen Deutschlands auf einem erloschenen Vulkan befinden. Es entste-

Linke Seite: Typisch für den Spätburgunder sind seine Aromen von roten Beeren und Früchten sowie ein mildes Gerbstoffgerüst

Frühburgunder verfügt über eine likörartig konzentrierte Frucht und Aromen von Zartbitterschokolade

hen feurige, intensiv duftige und ungeheuer komplexe Spätburgunder, die mit Flaschenreife an Statur gewinnen. Tatsächlich – hier am Fuße des Schwarzwalds rockt der Spätburgunder.

Frühburgunder: viel Frucht

Frühburgunder ist eine Spezialität aus der weit verzweigten Burgunderfamilie, die in den 1960er-Jahren aus Deutschland zu verschwinden drohte. Zwar war die Rebsorte immer schon bekannt für gute Weinqualitäten, aber ebenso haben die Winzer ihre Empfindlichkeiten gefürchtet. Frühburgunder stellt hohe Ansprüche an den Standort und die Weinbergpflege. Wie der Name schon sagt, reift sie früher aus als der Spätburgunder. Die vollreifen, blaufarbigen und süßen Beeren hängen drei Wochen eher in den Weingärten und sind dann ein unwiderstehlicher Snack für Wespen, Vögel und Touristen. Wollen die Winzer solide Erntemengen erzielen, müssen die Rebstöcke mit Netzen geschützt werden. Den Ertrag minimiert zudem die Tatsache, dass besonders kleine Beeren ohne Kerne ausgebildet werden. Allerdings hat der Frühburgunder diesen Eigenschaften auch seine Charakteristik zu verdanken. Die Weine verfügen über eine ganz besondere, likörartige, konzentrierte Fruchtaromatik, moderate Säure und mollige Textur. Diese samtige, mundfüllende Art macht den Rotwein so überaus beliebt bei den Weinfreundinnen.

Dornfelder: der Zuverlässige

Dornfelder ist nach Spätburgunder die meistgepflanzte Rotweinsorte in Deutschland. Doch unterschiedlicher könnten zwei Rebsorten kaum sein. So gilt Spätburgunder als schwierig im Anbau, verlangt dem Winzer höchste Aufmerksamkeit ab, beansprucht die besten Lagen für sich und liefert nur bei stark reduzierten Erträgen wirklich überzeugende Qualitäten. Dornfelder hingegen ist bei den Winzern als zuverlässige, ertragsreiche und unkomplizierte Sorte beliebt. Bei der aus Deutschland stammenden Neuzüchtung wurden gezielt Rebsorten miteinander gekreuzt, um eine robuste, wenig krankheitsanfällige Rotweinsorte zur Verfügung zu haben, die hier zuverlässig ausreift und Weine mit kräftiger Farbe liefert. Beim Publikum beliebt wurde Dornfelder wegen ihres verführerischen Brombeerdufts und geschmeidigen Gerbstoffgerüsts. Allerdings wurde ihr die Fähigkeit selbst bei höchsten Erträgen noch kräftig dunkle Weine hervorzubringen zum Verhängnis. Gerade die Winzer, die ihre Trauben nicht selbst zu Wein verarbeiten, sondern ihre Ernte als Fassware an Kellereien verkaufen, nutzen diesen Umstand manchmal aus. Daher sind Weine auf dem Markt, die mit ihrem dunklen Purpur-Ton dem Auge viel versprechen, aber am Gaumen dünn und ausgezehrt wirken. Auch deshalb hat sich die Weinwelt darauf eingerichtet, beim Namen Dornfelder die Nase zu rümpfen. Doch das ist ungerecht. Es gibt herrlich saftige Rotweine daraus, bei denen man sofort versteht, warum Dornfelder so beliebt geworden ist. Also ausprobieren und den besten finden!

Arbeitspferd Trollinger

Im italienischen Trentino wird die Rebsorte Trollinger Schiava genannt. Die Bezeichnung stammt vom italienischen Wort schiavo ab, was so viel wie »Sklave« bedeutet. Wer einmal die dicken und großen Trollinger-Trauben am Rebstock hängen gesehen hat, weiß warum. Trollinger, der in Deutschland hauptsächlich im schwäbischen Württemberg angebaut wird, ist das »Arbeitspferd« unter den roten Rebsorten. Sie liefert hohe Erträge und bringt süffigen und so hellfarbigen Wein hervor, dass Weinfreundinnen, die sonst Rotweine aus südlicheren Gefilden trinken, ihn glatt für einen Rosé halten könnten. Bekannt ist die Rebsorte zudem als Südtiroler Vernatsch. Dort wird der Wein mit seinen Aromen von Sauerkirschen, Himbeeren, Veilchen und Bittermandeln, der moderat frischen Säure und dem kaum vorhandenen Tannin zum sogenannten Törggelen serviert. Ein alter Herbstbrauch bei dem nach getaner Arbeit Speck und Maronen mit einem Glas Kalterersee auf den Tisch kommen. Auch im schwäbischen »Ländle« trinkt man Trollinger als liebenswerten und preiswerten Alltagswein zur Brotzeit oder zu Maultaschen, am besten leicht gekühlt aus einem rustikalen Henkelglas. »Viertelesschlotzen« nennt das nicht nur die schwäbische Hausfrau und dagegen ist wirklich nichts einzuwenden.

Die wichtigsten Rebsorten & Weinstile

VON SCHWÄBISCHEN HAUSFRAUEN EMPFOHLEN!

Trollinger: Weniger Gerbstoff geht nicht!

Weinland Deutschland

TU FELIX AUSTRIA ...
WAS UNSERE NACHBARN ZU BIETEN HABEN

Grüner Veltliner

Grüner Veltliner gehört zu Österreich wie Sachertorte und Wiener Schnitzel. Was wäre die Heurigen-Seligkeit ohne ein »Glaserl« pfeffrig-würzigen Grünen Veltliner? Diese weiße Rebsorte ist wie gemacht für die niederösterreichischen Anbaugebiete, wo sie für leichten, säurebetonten Zechwein bis hin zum kräftigen, finessenreichen Speisenbegleiter sorgt. Grüner Veltliner mit seinem mittelkräftigen Bukett ist geprägt von Steinobstaromen und Pfeffernoten, die vor allem im Rachenraum noch einmal zum Vorschein kommen. Diese angenehm warme Würze im Nachhall lässt die Winzer gerne vom »Pfefferl« schwärmen, das zusammen mit dem trockenen Ausbau und moderat frischer Säure die Weißweine so beliebt macht.

Die Region Weinviertel im kühleren Nordwesten des Landes ist das Eldorado für den kernig-frischen Grünen-Veltliner-Typ. In der Regel trocken und im Stahltank ausgebaut werden Weine für jeden Geldbeutel angeboten. Wer nach kraftvollen Grünen Veltlinern sucht, findet sie hauptsächlich im Kamptal, Kremstal, Wagram oder der Wachau. Hier zeigen sich im Geschmack die Unterschiede in Boden und Kleinklima. Die besonders dicht gewobenen und finessenreichen Weißweine werden in der Wachau mit dem Begriff »Smaragd«, in den anderen Regionen mit »Reserve« auf dem Etikett bezeichnet. Und dann gibt es noch die Stadt Wien, wo Grüner Veltliner meistens Bestandteil im »Gemischten Satz« ist. Hier lebt die Tradition wieder auf, mehrere Rebsorten nebeneinander zu pflanzen und zusammen zu ernten. Der Veltliner bringt dann das pfeffrig-würzige Rückgrad in den »Gemischten Satz«, der unverschämt gut zu den lokalen Speisen passt. Am besten lässt man sich einen knackig-frischen Grünen Veltliner mit einer herzhaften Brotzeit, einem Backhendl oder einem Wiener Schnitzel schmecken. Vielleicht sogar in einer der vielen Heurigen-Gaststätten in und rund um Wien. Während man in der Laube sitzt, »Pfefferl« und gemütliche Atmosphäre genießt, kommt einem der nuschelnde Komödiant und Volksschauspieler Hans Moser in den Sinn: »Schwörn könnt ich, dass ich im frühern Leben eine Reblaus gwesen bin und hab ghaust in einem Weingarten bei Wien ...«

Weißweine aus der Steiermark

Auf der Südseite der Alpen, geschützt vor kühlen Einflüssen und zu viel Regen, befindet sich die Steiermark. Sie ist ein Paradies für alle Wein- und Genussfreundinnen. In diesem Klima, mit warmen Sonnentagen und besonders kühlen Nächten, entwickeln Aromarebsorten wie Muskateller oder Sauvignon Blanc eine besondere Intensität. Ebenso profitiert der Chardonnay, der hier Morillon genannt wird, von den natürlichen Begebenheiten.

Der Muskateller entstammt einer alten und sehr weit verzweigten Rebsortenfamilie. Also nicht wundern, wenn dem Wort Muskateller einmal »Gelber«, »Rosen« oder »Roter« vorangestellt wird – es sind alles Verwandte aus der gleichen Mischpoke. Das Besondere am Muskateller sind seine intensiven blumigen und gelbfruchtigen Aromen, sein schlanker Körper und die moderat frische Säure. Restsüße betont die Frucht noch einmal am Gaumen. Attraktiv sind auch die trockenen Muskateller, die mit ihrem herben Geschmack einen interessanten Kontrast zur überschwänglichen Blumigkeit liefern. In der Steiermark werden vor allem trockene, im Stahltank ausgebaute Muskateller mit nicht zu viel Alkohol bereitet, die erfrischend als Aperitif oder Terrassenwein ausgeschenkt werden können. Sauvignon Blanc ist das besondere Aushängeschild der steirischen Winzer. Sie schaffen es, der weltweit verbreiteten Rebsorte einen eigenen Stempel aufzudrücken. Sonst ist das Manko bei vielen Weinen aus der Rebsorte, dass nur eine penetrante Duftwolke aus dem Glas herauswabert, während der Wein dünn und sauer schmeckt. Aber in der Steiermark erreicht man es, die Intensität des Buketts zu zähmen und mit Körper und Extrakt zu unterfüttern. Wer einen Steirer Sauvignon Blanc im Glas hat, kann sich nicht sattriechen an Aromen von Grapefruit, Stachelbeere, Maracuja, Minze und Brennnessel. Unbeschwert frisch kommen die Sauvignon Blanc mit der Bezeichnung »Steirische Klassik« daher. Wer es kräftiger mag, sollte einen der vielen legendären Einzellagenweine wie Kranachberg oder Zieregg versuchen. Eine weitere eher zurückhaltende Rebsorte ist der Morillon, der die Steirer ebenso viele Aromen einhauchen. Die Weine haben wie andere Chardonnays die cremige, mundfüllende Textur, die sie zum universalen Essensbegleiter machen und oben drüber stülpt sich eine regelrechte Duftglocke mit Aromen von Blutorange und Grapefruitzesten.

Meine Empfehlung: Immer ein steirisches Gewächs im Kühlschrank bereithalten und Sie haben mehr Aromenpracht im Glas.

Rotgipfler und Zierfandler

Österreich mag eine relativ kleine Weinbaunation sein, aber die Vielfalt, die die Alpenregion bietet, ist enorm. Zwei besondere weiße Spezialitäten beherbergt südlich von Wien die klimatisch begünstigte Thermenregion. Hier gedeihen die weißen Rebsorten Rotgipfler und Zierfandler, die viel zu bieten haben als Begleiter zu Gerichten der modernen Küche.

> EIN STEIRER WEISSER SOLL IMMER IM KÜHLSCHRANK SEIN!

Im warmen Klima und auf den fetten, lehmigen Böden der Thermenregion fühlt sich der Rotgipfler pudelwohl. Kraftvoll und exotisch verrät er mit seiner öligen Textur die Verwandtschaft zum Traminer. Rotgipfler erreicht mühelos höhere Zuckergradationen im Weinberg, weshalb die trocken ausgebauten Weine nicht selten über 13,5 Vol.-% Alkohol haben, was der kraftvolle Körper der Weine mühelos trägt. Typisch für die Rebsorte sind die Aromen von reifen tropischen Früchten wie Ananas und Maracuja, hinzu kommen Veilchen, Wildrosen, Baumblüten und Mandeln. Am Gaumen zeigt sich eine mundfüllende, ölige Textur mit feinen salzigen Noten und oft Marzipanaromen im Finish. Rotgipfler sind außergewöhnliche Weine, die zu kräftig gewürzten Gerichten passen wie etwa einem Roten Thai-Curry oder mit Kardamom gewürzten indischen Speisen. Ebenso passt ein durchgereifter Rotschmierkäse wie Epoisses oder Munster zu einem vollmundigen Rotgipfler.

Ein weiterer Schatz aus der Thermenregion nennt sich Zierfandler. Die Weißweine daraus fallen im Gegensatz zum Rotgipfler leichter und mit moderat frischer Säure aus. Bei einem Zierfandler stehen Aromen von Grapefruit, Mandarine und Limone im Vordergrund, hinzu kommen Noten von Wildblumen und Wiesenkräutern. Am Gaumen sind die Weine zart, filigran und doch sehr nachhaltig. Mit ihrer feinen Art passen sie zu Gerichten der Wiener Küche wie Backhendl mit Kartoffel-Gurken-Salat oder dem echten Wiener Schnitzel aus Kalbfleisch. Verkosten Sie Zierfandler zu Sushi und Sashimi.

Blaufränkisch – Österreichs roter König

Heimisch ist der Blaufränkisch nicht nur in Österreich, sondern in ganz Mitteleuropa. Aber vor allem in der Alpenrepublik erlangt er die Finesse und Langlebigkeit, die ihn zu einem der respekta-

Saftiges Kirscharoma und moderate Tannine machen den Zweigelt zum Publikumsliebling

Rechte Seite: St. Laurent strotzt vor Beerenfrucht und schmeichelt mit seinem samtigen Gerbstoffgerüst dem Gaumen

belsten Rotweine macht. Man findet die Rebsorte, die relativ warme Standorte beansprucht, hauptsächlich im Burgenland. Wo der weit ausgedehnte Neusiedlersee und die warmen Winde aus der ungarischen Tiefebene das Klima mildern, entstehen tanninstarke Rotweine, die sich aber immer auch durch ein saftiges Säurerückgrat auszeichnen. Die intensiven Aromen von Waldbeeren und Kirschen sowie das kräftige Gerbstoffgerüst erlauben es, die Rebsorte in neuen Holzfässern auszubauen. Dadurch bekommt der Blaufränkisch noch mehr Facetten. Ebenso gewinnen die besten Weine durch Flaschenreifung. Neben Österreich findet man die Rebsorte als Lemberger in Württemberg. Auch hier schwingt sich die Lokalspezialität zu neuen Höhen auf. In Ungarn wird sie Kékfrankos genannt und liefert beste Weine aus der Region Eger und rund um Sopron. Richtig berühmt ist sie allerdings in Österreich geworden, wo sie mit Grünem Veltliner zusammen als rot-weiß-rotes Königspaar über allem thront.

Zweigelt – Es muss nicht immer Kaviar sein

Man muss nicht immer gleich von großem Terroir träumen, wenn man einen Wein vor sich hat. Nicht jede Entscheidung eines Winzers für eine bestimmte Rebsorte hat mit höheren Zielen zu tun. Manchmal entscheiden Funktionalität und Pragmatismus darüber, warum eine bestimmte Rebsorte mehr Verbreitung findet als eine andere. Was übrigens überhaupt nichts Schlechtes ist. Eine solche Rebsorte ist der herrliche Zweigelt. Eine Neuzüchtung aus Blaufränkisch und Sankt Laurent, die den tanninhaltigen Biss des ersten mit der Eleganz des zweiten verbindet. Entstanden ist eine rote Rebsorte die weitaus weniger Ansprüche an Lage sowie Pflege stellt und selbst bei höheren Erträgen nichts von ihrer saftigen Verspieltheit verliert. Ein Garant für den Winzer eingängig süffige Rotweine zum guten Preis zu erzeugen. Damit wurde Zweigelt ein Publikumsliebling und die meistangebaute Rebsorte in Österreich. Ansprechend wirken die granatrote Farbe, das saftige Kirscharoma und das moderate Tannin- sowie Säuregerüst. Bei hoher Reife können körperreichere Rotweine entstehen, die über ein gewisses Reifepotential verfügen. Hauptsächlich in der österreichischen Region Carnuntum findet man diese exklusiven Zweigelt, die dann auch gerne in neuen Holzfässern ausgebaut werden. Doch es bleibt dabei – beliebt ist hauptsächlich die unkomplizierte Art zu erschwinglichen Preisen, die man ohne viel nachzudenken genießen kann. Es muss nicht immer Terroir oder Kaviar sein.

Sankt Laurent – auf Samtpfoten

Sankt Laurent ist eine weitere rote Rebsorte, die vor allem in den österreichischen Regionen Thermenregion und Burgenland sowie im deutschen Weinbaugebiet Pfalz zu finden ist. Verwandt ist die Rebsorte mit dem Spätburgunder, was DNA-Analysen eindeutig belegen. Empfindlich wie sie ist, braucht sie begünstigte und geschützte Lagen, um diese tiefdunklen und dicht gewobenen Rotweine hervorzubringen, die über ein gutes Reifepotential verfügen. Mit genug Saft und Kraft ausgestattet werden die besten Weine gerne im neuen Barriquefass ausgebaut. Besonders beliebt sind die Aromen des Sankt Laurent, die vor Beerenfrucht nur so strotzen, und eben dieses schmeichelnde Gerbstoffgerüst, das den Wein regelrecht auf Samtpfoten daherkommen lässt.

AH, BELLA ITALIA!
DIE WEINE AUS DEM LAND, IN DEM DIE ZITRONEN BLÜHEN

Italien ist ein Land, indem circa 2000 verschiedene Rebsorten angebaut werden, die sich im Laufe der Zeit besonders gut an das jeweilige Klima angepasst haben. Entstanden ist eine charaktervolle Vielfalt. Dieses riesige Rebsortenspektrum ist der große Schatz Italiens und die Basis für sehr eigenständige Weine. Aus vielen Sorten werden charmant rustikale Zechweine gekeltert, die wunderbar zur unkomplizierten Küche und zur Lebensfreude passen. Hier ist es schon immer eine Selbstverständlichkeit gewesen, Wein zum Essen zu trinken und Reben waren fester Bestandteil vieler landwirtschaftlicher Betriebe, sodass es nie nur den oberen Gesellschaftsschichten vorbehalten war Wein zu trinken. Einige Rebsorten sind die Basis für weltgewandte, hochkarätige Ausnahmeweine, die für den weltweiten Ruf Italiens verantwortlich sind. Hierzu gehört der rote Nebbiolo, aus dem im Piemont der berühmte Barolo gekeltert wird, der rote Sangiovese, aus dem in der Toskana die Spitzenweine bereitet werden, und mittlerweile auch der rote Aglianico, der im Süden Italiens die große Klasse aufweist, sich mit den Topweinen der nördlicheren Regionen zu messen.

Die weißen Sorten aus Italien

Italienische Küche in Deutschland reicht leider manchmal von in Öl getränkten Antipasti über lappige Pizza bis zu zerkochter Pasta. Auch die Weinauswahl in den vielen mediterranen Restaurants reflektiert meist nicht die große Genussvielfalt, die südlich der Alpen zu finden ist. Dabei gibt es in der italienischen Weißweinwelt mit ihren unzähligen Rebsorten viel Neues zu entdecken. Gemeinsam haben die verschiedenen Weißweine, dass sie meist trocken und ohne Einsatz von neuen Holzfässern ausgebaut sind, eher dezent im Aroma ausfallen und über eine moderat frische Säure verfügen. Wer also nach frischen leichten bis mittelkräftigen Weißweinen sucht, sollte einen Streifzug durch Italiens Weinwelt unternehmen. So bemühen sich Winzer aus dem Piemont um den anisduftigen, knackigen Gavi aus der Rebsorte Cortese oder den nach Safran und Birnen riechenden Arneis. Wer in Venetien einen Soave Classico kauft, kann sicher sein, dass der Wein aus der Kernzone mit kargen, vulkanischen Böden kommt und nicht vom letzten Rübenacker. Nur dann entwickelt Soave Aromen von Limettenschale, Bittermandel und herzhafte Noten wie Liebstöckel und Sojasauce. Der beliebte Lugana kommt vom südlichen Ufer des Gardasees und besteht aus Trebbiano di Lugana. Einer Rebsorte, die relativ neutral ist, aber über ein hohes Maß an Gerbstoffen verfügt. Bei nicht zu hohen Erträgen werden hier liebenswert leichte Weine mit herzhaft trockenem Finish gekeltert. Das Heer der einfachen Pinot Grigio kommt aus der fruchtbaren Ebene Venetiens. Spannender sind die Pinot Grigio aus Südtirol, wo sie im alpinen Klima eine kristalline Klarheit und Prägnanz entwickeln. Ebenso schwingt sich der Weißburgunder aus Südtirol zu raffinierter Komplexität auf. Erdiger und kräftiger geraten die beiden Rebsorten im Friaul, das sich an der Grenze zu Slowenien befindet. Neuerdings für Aufsehen sorgen die Weißweine aus den Marken, einer Region, die abseits der großen Touristenströme liegt und gerne übersehen wird. Der mittelkräftige Verdicchio dei Castelli di Jesi wird in höheren Lagen des Apennin angebaut und entwickelt Aromen von Lorbeer, Haselnüssen, Limette und kann durch Flaschenreife gewinnen. Viele neue Fans hat die Rebsorte Pecorino aus Mittelitalien gewonnen, die mit ihrem markanten Duft von Apfel, Honig

und Kräuterlikör verzaubert. Wer es besonders intensiv aromatisch will, sollte seinen Streifzug im Süden fortsetzen. In Kampanien gedeiht der kräftige Fiano di Avellino auf Vulkanböden und entwickelt neben betörenden Pfirsich- und Jasminaromen auch eine raffinierte, rauchige Würze. Und der cremige Greco di Tufo erinnert mit seinen Aromen von Jasmin, Geranie und Traubensaft an Muskateller. Die Frage ist jetzt nur noch, wo Sie diese fantastischen Weine bekommen. Am besten im Fachhandel, der sich auf italienische Weine spezialisiert hat, und Sie sollten regelmäßig bei ihrem Lieblingsitaliener um die Ecke nach diesen besonderen Weinen fragen. Manchmal muss man eben auch dem Weinglück auf die Sprünge helfen.

Barbera – Spot on und Regler hoch!

»Spot on und Regler hoch!« heißt es nicht nur beim Radio, sondern auch bei den Winzern, wenn sie im Keller Barbera vor sich haben. Eine fantastische rote Rebsorte, die im italienischen Piemont auf jede beliebige »Lautstärke« rauf- und runtergeregelt wird. Ganz so wie es gerade angesagt ist. Während Nebbiolo, die andere berühmte Rebsorte des Piemonts, für eher tanninschwere Weine berühmt ist und oft ziemlich verschwurbelt und anstrengend daherkommt, ist Barbera die Rebsorte, die durch ihr von Natur aus geringes Tannin in Verbindung mit umso mehr saftiger Kirschfrucht und frischer Säure auf jeden Gaumen eingestellt werden kann. Wer höhere Erträge einfährt und unkompliziert im Stahltank ausbaut, bekommt süffige, laut-fruchtige Rotweine, die mit ihrer Jugendlichkeit punkten. Dabei ist der geringe Tanningehalt von Vorteil, der selbst bei frisch gefüllten Rotweinen nicht anstrengend wirkt. In besten Weinberglagen, hochreif und mit reduzierten Erntemengen kann Barbera dagegen konzentrierte Rotweine von fast staatstragender Ernsthaftigkeit hervorbringen. Das für Flaschenreife fehlende Tanningerüst wird dann gerne mit dem Ausbau in neuen Eichenholzfässern ausgeglichen. Die süßen Röstaromen und das strukturierende Gerbstoffgerüst des Holzes fügen sich mühelos in den saftig-samtigen Wein ein. Wie kräftig, fruchtig und komplex der spätere Rotwein sein soll, kann der Winzer beim Barbera quasi stufenlos einstellen. Eben ganz nach dem Motto »Spot on und Regler hoch!«

Nebbiolo – »If you are not happy, it's not yet the end.«

Die Weinwelt lebt von Phantomen und Phänomenen. Ein phänomenales Phantom ist der Barolo aus der Rebsorte Nebbiolo. Von renommierten Winzern steht er in den Regalen der exklusiven Fachhändler. Sagen und Mythen von schier unglaublichen Trinkgenüssen, die andere damit erlebt haben, umwabern sein Image. Tja, und dann macht man zu Hause die Flasche auf und findet im Glas ein säuerliches, blasses, harsches Gebräu, das trotz ständigen Versuchs sich einzureden, wie toll der Wein doch sei, nicht schmeckt. Dann wird einem in Fachkreisen vorgeworfen, man wäre ein ungeduldiger Banause, der die Flasche zu früh aufgemacht hätte. Das erinnert an den pfiffigen Hotelbesitzer aus dem Film »Best Exotic Marigold Hotel«, der bei jeder Service-Panne den Gästen zurief: »There is always a happy end and if you are not happy, it's not yet the end.« Zugegeben, das ist leicht übertrieben. Es gibt gute Nebbiolo, aber es ist zweifellos schwierig, einen sehr guten zu finden, der einen den Mythos verstehen lässt. Nebbiolo ist eine sehr alte Rebsorte und gedeiht nur auf den kalkigen Südhängen des Piemont richtig gut. Dort be-

Die wichtigsten Rebsorten & Weinstile

Linke Seite: Wenig Tannin, dafür umso mehr Frucht machen den Barbera beliebt

Ein dicht gewobenes und enorm vielschichtiges Bukett machen einen gereiften Nebbiolo einzigartig

Ah, Bella Italia!

kommt er die lange Reifezeit, die er braucht, um ein Maximum an Aromen einzulagern. Wichtig ist es, den idealen Lesezeitpunkt zu bestimmen. Lässt man ihn zu lange hängen, wird der Wein zwar kräftiger im Alkohol, verliert aber seine ätherische Rosenduftigkeit, weshalb ihn die Anhänger lieben. In der Gemarkung Barolo fällt der Nebbiolo strenger aus und die besten brauchen definitiv fünf bis acht Jahre Reifezeit in der Flasche. Wärmer und auf leichteren, sandigeren Böden liegt die Appellation Barbaresco. Hier ergibt der Nebbiolo eingängigere Weine, die trotzdem das zeigen können, wofür er berühmt ist. Nämlich für diesen ätherischen und verspielten Duft von Wildrosen, schwarzem Tee, Trüffel, Tabak und Teer. Nebbiolo ist eine Rebsorte mit natürlich wenig Farbstoffen, daher sind die Weine eher hell in der Farbe, aber trotzdem kraftvoll und haben ein enorm kräftiges Tanningerüst, das mit seiner Textur im Mund an die Oberfläche von Pflaumenkernen erinnert. Nebbiolo kann fantastisch sein, aber oftmals sitzt man vor einem Wein und denkt an Jamie Goode, den bekannten englischen Weinkritiker, der einmal sagte: »Barolo, I would like to love you more.«

Lambrusco – nicht immer ein Schädelspalter

Manche Weingenießerin mag sich schützend an die Schläfe fassen, als könnte allein das Wort »Lambrusco« für Kopfschmerzen sorgen. Andere erinnern sich an ihre fröhliche Studentenzeit, als man noch wenig Geld, aber viel Spaß hatte. Lambrusco scheint jedes Klischee zu erfüllen, dass die Weinwelt für süßliche Tropfen bereithält. Bei genauerem Hinsehen verwundert es allerdings, warum dieser Wein meist negative Assoziationen weckt. Schließlich kommt er aus der stolzen norditalienischen Region Emilia-Romagna, der Heimat von Lamborghini, Parmigiano Reggiano und Luciano Pavarotti. Und tatsächlich ist sehr guter Lambrusco so weit von den süßlichen Karikaturen entfernt wie echter Balsamico aus Modena von dem mit Zuckercouleur gefärbten Billigessig, der über fast jeden Mozzarella gekippt wird.

Lambrusco heißt so viel wie »wilde Rebe« und ist eine Traubensorte, die bereits die antiken Etrusker kannten. Richtig guter Lambrusco ist ein zart perlender Schaumwein mit hoher Säure, der in verschiedensten Geschmacksrichtungen angeboten wird. Das Tanningerüst kann von fast unmerklich bis sehr streng ausfallen und die Farbe von blassrosa bis tief violett reichen. Oft ist er knochentrocken, aber es gibt auch die Version »Amabile« mit einer ausgewogenen Süße, die wie kein zweiter Wein zum Nationalgericht der Emilia-Romagna passt: den Spaghetti bolognese.

Lambrusco muss kein weich gespülter Langweiler sein, sondern kann authentischen Genuss bereiten. Leicht gekühlt passt er zu salzig-scharfem Parmesan, den süßen Aromen von echtem Prosciutto oder Mortadella di Modena und den herrlich würzigen Salamis der Region. Jung getrunken und aus den richtigen Händen ist Lambrusco eben kein übler Schädelspalter, sondern ein hedonistischer Genuss, der viel Lebensfreude bringt.

Montepulciano – liebenswürdig rustikal

Wer den Kern des italienischen Weines verstehen will, muss sich in das Land begeben und sich in die italienische Lebensart stürzen. Wein dient hier selten der Imagepflege, sondern gehört so selbstverständlich zum täglichen Essen wie Basilikum auf den Vorspeisensalat Caprese. Es ist gerade der einfache Charme vieler lokaler Weine und Speisen, der die Beliebtheit der italienischen Kulinarik begründet.

Eine besonders liebenswürdige Rustikalität besitzt die rote Rebsorte Montepulciano, die in den Abruzzen beheimatet ist. Diese östlich von Rom gelegene Region Mittelitaliens war lange Zeit für ihre eher ärmlichen Verhältnisse bekannt. Da kam die ziemlich fruchtbare Sorte Montepulciano den Bauern gerade recht, denn die Reben können in dem von der Adria geprägten Klima einfach kultiviert werden. Im Gegensatz zu anderen Rotweinrebsorten kann aus Montepulciano selbst dann ziemlich guter und kräftig gefärbter Wein gemacht werden, wenn hohe Erträge geerntet werden. Zudem hat der Montepulciano für italienische Weine eine relativ niedrige Säure und milde, früh zugängliche Tannine, was die Alltagstauglichkeit zusätzlich unterstreicht. Ehrlicher Montepulciano verführt mit Aromen von Sauerkirsche, Pflaumen, schwarzen Oliven, Pfeffer und Wacholder sowie einer saftigen Säure und milden, fast süß wirken-

den Gerbstoffen, die auch das zweite Glas gut schmecken lassen. In den lokalen Osterias wird er zu kräftig gewürzten Speisen auch mal aus Senfgläsern am blank polierten Küchentisch genossen – einfach liebenswürdig rustikal.

Sangiovese – Dolce Vita in der Toskana

Wer wie ich ein Praktikum auf einem toskanischen Weingut machte, erfährt, wie man Reben pflanzt und zurückschneidet, wie Fässer und Schläuche zu säubern sind und ebenfalls wichtig, in welcher Osteria es den besten Mittagstisch gibt. Auch lernt man nicht einfach »si, si« zu sagen, wenn man nichts versteht, weil man sonst abends ein Rendezvous mit dem Winzer hat. Ich spreche da aus eigener Erfahrung. Wer dann länger in der Toskana unterwegs ist, dem werden die verschiedenen Spielarten der Sangiovese ans Herz wachsen, der meistangebauten Rebsorte Italiens.

Besonders faszinieren die Chiantis, die in jedem Dorf, auf jedem Hügel einen ganz eigenen Geschmack entwickeln. Erinnern Sie sich noch an die mit Bast umwickelte, bauchige Chianti-Flasche, die den Namen »Fiasco« trägt? In früheren Zeiten ein ernst zu nehmender Hinweis auf den Inhalt, weshalb man die Flaschen am besten noch leerte, bevor man die Brennerautobahn erreichte und das Urlaubsfeeling verflogen war. Nun aber widmen die Winzer dem Wein seit Jahren wieder die Aufmerksamkeit, die er verdient. Heute zeigen gerade die Chiantis, wie man die Ecken und Kanten des Sangiovese so richtig in Szene setzt, denn ein typischer Chianti ist nicht mit moderner Kellertechnik weichgespült worden. Er lebt von einer frischen Säure, einer saftigen Sauerkirschfrucht, die mit mediterraner Würze verwoben ist, und vor allem einem zupackenden Tannin. Das kann in der Jugend ziemlich kratzig sein, gibt einem gereiften und ätherischen Spitzen-Chianti aber die delikate Struktur und das nötige Reifepotenzial.

Geschmeidiger kommen Vino Nobile di Montepulciano und Brunello di Montalcino daher. Die gleichnamigen Regionen verfügen über ein wärmeres Klima als das Chianti und lassen Gerbstoff und Säure des Sangiovese moderater ausfallen. Hier wächst die Rebsorte auf schwereren Lehmböden und die Weine bekommen Aromen, die an dunkle reife Früchte, Herbstlaub und Trüffel erinnern. Brunello ist der eleganteste und geschliffenste unter den toskanischen Spitzenweinen. Ebenso hochkarätig ist Vino Nobile di Montepulciano.

Neben diesen hochklassigen Weinen aus Sangiovese gibt es in ganz Mittelitalien zudem süffige Zechweine daraus zu kaufen. Sie werden in der Toskana in jeder Osteria zur deftigen, heimischen Küche in rustikalen Gläsern serviert und lassen einen schnell im Dolce Vita schwelgen.

Aglianico – Süditaliens Entdeckung mit Format

Aglianico ist hauptsächlich in Kampanien und der Basilikata zu Hause. Seinen Ursprung vermutet man in Griechenland, was den Namen erklärt, der sich von ellenico – also »hellenisch« – abgeleitet haben soll. Die Sorte hat, im Gegensatz zu anderen dort beheimateten Reben, den Vorteil, die Säure auch in heißem Klima zu bewahren. Besonders ausdrucksstarke Weine entstehen, wenn Aglianico in höheren und damit kühleren Lagen angebaut wird wie zum Beispiel am Monte Vulture in der Basilikata. Die Ernte findet oftmals erst Ende Oktober statt, damit die Reben besonders viel Zeit haben, Aromen und Extrakt einzulagern. Dann ist Aglianico ein tiefschwarzer Wein mit Aromen von Rauch, Speck und reifer Pflaume sowie mit frischer Säure, die ihn trotz kräftigem Körper lebendig macht. Vor allem

> »FIASCO« HEISST DIE CHIANTI-FLASCHE. NOMEN EST OMEN?

Aromen von Sauerkirschen und mediterranen Kräutern sowie ein herrlich zupackendes Tanningerüst machen den Sangiovese unverwechselbar

Ah, Bella Italia!

Im heißen Süden Italiens findet der Aglianico optimale Bedingungen

entwickelt er das unnachahmliche reife, zupackende und sehnige Tannin, das so typisch für diese Weine ist und den besten ein langes Reifepotenzial gibt. Ein Rotwein, der Fleisch auf den Rippen hat und beide Weinwelten im Glas bündelt. Aglianico kann sich weltgewandt mit anderen Spitzenweinen messen, ohne dabei die wahre italienische Ursprünglichkeit zu vergessen.

Nero d'Avola – der Liebling der Ladys

Was macht einen Wein populär? Diese Frage stellen sich Winzer rund um den Globus. Die Antwort ist einfach: Beliebt ist ein Wein, wenn er leicht auszusprechen, preiswert, zudem überall verfügbar und leicht zu trinken ist. Das trifft auf Siziliens Markenzeichen zu, den mittlerweile allgegenwärtigen Nero d'Avola. Er ist der Rotwein, der auf keiner Weinkarte beim Italiener um die Ecke fehlt und der damit der unangefochtene Weinbotschafter Siziliens geworden ist.

Mit Hügeln und Bergen, der intensiven Sommerhitze und wenig Niederschlag ist Sizilien ideal für die klassische Mittelmeerlandwirtschaft mit Getreide, Olivenöl und Wein. Weil Nero d'Avola sehr gut mit mediterraner Hitze und Trockenheit zurechtkommt, ohne dabei zu sehr an Ertragskraft zu verlieren, ist sie auch bei den Winzern beliebt. Sie bringt dunkel granatrote und füllige Weine hervor, die mit ihren überbordenden Aromen von roten Früchten, Nelke, Zimt und Thymian sowie mildem Tannin ein breites Publikum überzeugen. Nero d'Avola gibt es als einfachen Zechwein, der zum Beispiel unkomplizierte Pastagerichte begleitet. Aber aus der Rebsorte werden auch vielschichtige und komplexe Rotweine gekeltert, vor allem dann, wenn sich die Anbaugebiete in größeren Höhen auf dem Vulkan Ätna befinden. Diese Weine sollten Sie unbedingt einmal probieren.

Auf Sizilien werden die klassischen Produkte der mediterranen Landwirtschaft angebaut: Weizen, Oliven und Wein

OLÉ! VINO TINTO, VINO BLANCO!

SPANNENDES AUS SPANIEN

Die weißen Sorten aus Spanien

Ein Blick auf die Landkarte und man weiß, wo die spanischen Weißweine wachsen. Nämlich dort, wo Meeresbrisen von Atlantik oder Mittelmeer die südliche Hitze temperieren und damit den weißen Trauben noch genug Säure und frische Aromen lassen. Die Rebsortenvielfalt mag zwar nicht an die Italiens heranreichen, aber spannend sind die Weine allemal. Auch in Spanien fallen sie trocken aus und werden eher im Stahltank als im Barrique ausgebaut.

Galicien, die nordwestlichste Ecke des Landes, bietet viele Weinspezialitäten. Albariño aus der am Atlantik gelegenen Appellation Rias Baixas dürfte wohl der in Deutschland bekannteste weiße Bannerträger für Spaniens Wein sein. Eine Rebsorte, die aufgrund der dickeren Beerenschale dem feuchten Atlantikklima trotzt. Albariño könnte mit ihren Aromen von Pfirsich, Zitrusfrüchten und weißen Blüten an Riesling erinnern, wäre da nicht die moderater ausfallende Säure und durch die dicke Schale auch immer etwas Gerbstoff, was Weißweinen eine ölige Textur und einen spannenden phenolischen Biss im Finish mitgibt. Wer landeinwärts fährt, trifft auf weitere regional eigenständige Rebsorten wie die weiße Godello. In der kleinen Appellation Valdeorras hat sich diese Sorte dem Boden und dem Klima angepasst. Relativ hohe Tagestemperaturen lassen die Trauben reif werden und nachts fließt kalte Luft aus den umgebenden Bergen talwärts, die dafür sorgt, dass die lebendige Säure erhalten bleibt. Typisch für Godello sind Aromen von Lorbeer, weißer Wildblume, reifer Quitte und Limonenschale, moderat frische Säure und oft ein mineralisch-salziger Eindruck im Nachhall. Ein Exportschlager ist ferner der knackige Verdejo, der aus der Region Rueda kommt. Mit seinen Aromen von Fenchel, Wiesenkräutern und Stachelbeeren erinnert der Wein an Sauvignon Blanc, wäre da nicht die Säure, die zwar ähnlich rassig startet, doch im Finish spürbar milder ausfällt.

Diese Weißweine sind wie gemacht für die lokale, mediterrane Küche. Albariño schmeckt ideal zu Muscheln und Meeresfrüchten. Godello und Verdejo können Sie unkompliziert zu Tapas genießen.

Tempranillo – Spaniens Chamäleon

Die rote Rebsorte Tempranillo ist Spaniens Flaggschiffrebsorte und gilt in der Weinwelt als Chamäleon. Es entstehen daraus ganz unterschiedliche Weine, sodass es schwerfällt, diese nur einer einzigen Rebsorte zuzuschreiben. Tempranillo hat einen moderat aromatischen Charakter von dunkelroten Beeren, ein substantielles, aber stets mundfüllend samtiges Tanningerüst bei ausgewogener Säure. Ein Tempranillo ist nie kantig und deshalb bei vielen Weinfreundinnen beliebt, die besonders die samtige Art schätzen. Er eignet sich hervorragend für den Fassausbau, dabei gibt es kaum einen anderen Wein, der die intensiven und süßlichen Aromen der amerikanischen Eiche so perfekt aufnimmt. Alle diese Eigenschaften erlauben es, eine Spannbreite an Stilen und Qualitäten zu erzeugen. Sie reichen vom einfachen, fruchtigen Zechwein »Joven«, den man dank der runden Tannine früh trinken kann. Bei geringen Erntemengen, mehr Extraktion während der Weinbereitung und Fassausbau entstehen dann langlebige Weine wie »Reserva« oder »Gran Reserva«, die zum besten gehören, was die internationale Weinwelt zu bieten hat.

Tempranillo besticht mit einem stets mundfüllenden, samtigen Gerbstoffgerüst, das niemals kantig oder gar ruppig ausfällt

Die rote Rebsorte Tempranillo ist das Flaggschiff der spanischen Weinbranche und wird dort großflächig angebaut

In Spanien hat sich der Tempranillo den verschiedenen Klimazonen angepasst. Im höher gelegenen und dadurch kühleren Rioja fallen die Rotweine besonders geschliffen, elegant und mit angenehm frischer Säure aus. Hier gibt es noch viele traditionell arbeitende Weingüter, die die besten Weine lange in Fässern reifen lassen. Eine sehr gute »Gran Reserva« verfügt über ein ganz verwobenes Bukett mit ätherischen Aromen von Waldpilzen, Kräutern und dezenten Beerenaromen und besticht mit ihrer Feinheit und Eleganz.

Weiter südlich liegt die wärmere Region Ribera del Duero die für ihre saftigen, kräftigen und vollmundigen Rotweine berühmt ist. Hier pflegt man eher einen modernen Weinstil mit mehr Fruchtaromen. In der von Klimaextremen geprägten Region Toro, fällt der Tempranillo besonders reif sowie alkoholreich aus und besticht mit einem enormen, griffigen Gerbstoffgerüst. Süffigen Tempranillo gibt es aus der Region Navarra. Und damit sind nur die bedeutendsten Regionen für diese fantastische Rebsorte erwähnt.

Olé! Vino Tinto, Vino Blanco!

VIVE LA FRANCE!
DIE WEISSEN UND ROTEN AUS FRANKREICH

Chardonnay – die Trendsetterin

Nicht nur in der Welt der Fashionistas ändert sich der Modegeschmack, auch die Weinwelt lebt von Trends. Chardonnay kann dabei auf jeder Modewelle mitschwimmen. Als Rebsorte hat sie die besten Voraussetzungen dafür. Sie passt sich so ziemlich jedem Klima an, kann in unterschiedlichsten Qualitäten überzeugen und bringt dabei Weine mit viel Struktur, aber wenigen Aromen hervor. Diese Eigenschaften erlauben es dem Kellermeister, kreativ zu werden. Ausbau in neuen Eichenfässern, um Toast- und Vanillearomen in den Wein zu tragen, und besonders langes Hefelager für mehr Schmelz, alles passende »Accessoires« für den Chardonnay. Es stimmt, dass es früher mit Holz und Reife übertrieben wurde. Der Zeitgeist der 1980er-Jahre setzte nun einmal Qualität mit alkoholreicher Üppigkeit gleich. Aber damals trug man auch Oversize-Blazer mit Schulterpolstern.

Alles Schnee von gestern. Chardonnay wurde einem gehörigen Facelift unterzogen. In den Anbaugebieten der Neuen Welt, vor allem in den USA, Australien oder Neuseeland kann man den Stilwandel beobachten. In Australien fällt die Rebsorte aufgrund anderer Klone mit mehr tropischer Frucht aus, die bei im Stahltank ausgebauten Weinen besonders betont zum Vorschein kommt. Aber auch moderat im neuen Holz ausgebaut, sind die Chardonnays aus Australien ein Genuss. In Neuseeland bietet sich ein ähnliches Bild. Hier fallen die Weine aus den Regionen Gisborne und Hawke's Bay auf der wärmeren Nordinsel vollmundiger aus, während im kühleren Süden wie Central Otago die sehr schlanken Chardonnays faszinieren. Was man ebenso gelernt hat in den letzten Jahren, ist, selbst kräftige Chardonnays in die richtigen Bahnen zu lenken. Besonders den Winzern aus Kalifornien gelingt die Balance auf höherem Alkoholgehalt. Wer einmal hedonistisch üppigen und doch feinen Wein trinken möchte, sollte Chardonnay aus Russian River Valley oder Napa Valley kaufen.

Die Heimat der Rebsorte ist Frankreich, wo man Moden eher weniger hinterherläuft. Dort liefert sie im Burgund mit die besten Weißweine weltweit. Im nördlichen Teil, im sehr kühlen Chablis, sind die Weine fast salzig im Geschmack und eher weniger mit Holz belastet. In der berühmten Region Côte-d'Or klingen Namen wie Meursault, Chassagne und Puligny-Montrachet besonders verheißungsvoll. Die Weine sind dicht gewoben, mit perfekter Balance zwischen Reife und Säure sowie gekonntem Einsatz von neuen Barriques. Sie spiegeln geschmacklich die Weinbergslage wider und die besten sind ein Wunderwerk an Komplexität. Allerdings sind sie dementsprechend teuer. Noch weiter im Süden findet sich Mâcon, wo im wärmeren Klima die Weine fruchtiger und eher ohne Holzausbau, dafür preislich günstiger sind.

Übrigens sollten Sie Chardonnay aus dem Holzfass wärmer, bei 12–14 °C, und in einem großen Ballonglas servieren, damit sich die Barriquenoten besser mit dem gesamten Bukett verbinden. Dann ist er der universale Essensbegleiter. Wer sich also nicht sicher ist, was zum jeweiligen Gericht passt, mit einem guten Chardonnay können Sie schwerlich etwas falsch machen.

Chenin Blanc – die spröde Schönheit

Chenin Blanc ist wie Katharine Hepburn oder Corinna Harfouch – eine spröde Schönheit. Weine, in denen Chenin Blanc die Hauptrolle über-

Die wichtigsten Rebsorten & Weinstile

Chardonnay wird gerne in neuen Holzfässern ausgebaut. Dann kommen Aromen von Vanille, Toast und Karamell hinzu

Vive la France!

nimmt, bieten kein eingängig fruchtiges Aromenspiel, sondern überzeugen durch Tiefgang und Textur. Die Rebsorte lebt von einer herben Fruchtigkeit, die an Quitten und Mispeln sowie Wiesenkräuter denken lässt und – nicht wundern – Aromen von Lanolin, das man von der berühmten Penaten-Creme her kennt. Was die Weine so spannend macht, ist das oft raue, körnige und trocknende Mundgefühl, das sie hinterlassen. Kurzum, Chenin Blanc macht oft erst im Nachhall richtig Eindruck.

Beheimatet ist die Rebsorte an der Loire, wo daraus völlig unterschiedliche Weine erzeugt werden. Die kraftvollen Weine aus der Appellation Savennières fallen auf den Schieferböden besonders rauchig-würzig aus und werden in der Regel trocken ausgebaut. Von den schwereren Böden der Appellation Vouvray kommen Weine mit mehr Schmelz und Cremigkeit. Es sind die trockenen und halbtrockenen (demi-sec) Chenin Blancs zu empfehlen. Aber auch die hochgradigen Süßweine sind ein besonderer Genuss, denn durch die hohe Säure und die besondere Textur haben diese Weine zunächst eine süße Attacke, die aber dann am Gaumen raffiniert wegtrocknet und ein angenehm trockenes Mundgefühl hinterlässt. Ebenso sind die Schaumweine sehr zu empfehlen, die Chenin Blanc enthalten wie der Crémant de Loire. Bereitet mit der traditionellen Flaschengärung bieten sie oft ein sehr gutes Preis-Genuss-Verhältnis. Chenin Blanc findet man außerhalb Frankreichs hauptsächlich in Südafrika, wo sie die meistangebaute Rebsorte ist. Sie gilt neben dem roten Pinotage als unverwechselbarer Botschafter für die Weine vom Kap. Vor allem aus den klimatisch begünstigten Regionen rund um Stellenbosch, Paarl und Worcester kommen hervorragende Weine. Die Chenin Blanc wird in der Regel trocken ausgebaut, bekommt aufgrund des wärmeren Klimas spannende, exotische Aromen wie Guave und Melone hinzu und wird gerne gekonnt in neuen Barriquefässern ausgebaut.

> **KEINE ANGST VOR DEN AROMEN, DER SAUVIGNON BLANC ZEIGT, WIE ES GEHT!**

Sauvignon Blanc – Hurra, wir riechen noch!

Wer bereits begonnen hat, sich mit Wein zu beschäftigen, wird die Unsicherheit im Umgang mit Aromen kennen, gerade wenn sie ganz subtil und fein daherkommen. Damit sich diese ungerechtfertigte Scheu erst gar nicht manifestiert, serviere ich bei meinen Weinseminaren für Einsteiger Sauvignon Blanc. Wer dann die Nase tief ins Glas hält, dem springen sofort Aromen von Maracuja, Stachelbeere und Paprika auf sämtlichen Synapsen herum, sodass mich die Weinfreundinnen stets mit einem erleichterten Hurra-wir-riechen-noch-Lächeln anstrahlen.

Solche »Nasenkitzler« kommen vor allem aus Neuseeland. Hier entstehen durch die Kombination von kühlem Klima, besonders intensiver Sonneneinstrahlung und technisch ausgeklügelter Weinbereitung ganz besonders fruchtbetonte Sauvignon Blanc mit rassiger Säure. Verhaltener, mit mehr Körper und rauchiger Pikanz kommen die Sauvignon Blanc aus Südafrika daher. In Kalifornien zähmt man die intensive Frucht, indem man die Weine im neuen Holzfass ausbaut. Diese Weine mit der Bezeichnung »Fumé Blanc« verfügen über einen kräftigen Körper, cremige Textur und ein spannendes Spiel zwischen exotischer Frucht, grasigen Noten und Toastaromen vom Barriqueausbau. Ursprünglich kommt die Rebsorte aber von der Loire in Frankreich. Dort ist sie für die eleganten, trockenen Weißweine aus den Appellationen Sancerre und Pouilly Fumé verantwortlich. Die Weinbereitung ist weniger auf die Aromen ausgerichtet als auf die Herausarbeitung des Terroirs. Also den verschiedenen natürlichen Begebenheiten wie Boden und Kleinklima, die sich auf den Geschmack auswirken. So ist Sauvignon Blanc von den Kalkböden bei Sancerre eher zurückhaltend vegetal, nussig, cremig und rund, während die von Feuerstein durchzogenen Böden

Aromen von Stachelbeeren, Grapefruit und grüner Paprika sind typisch für Sauvignon Blanc

Vive la France!

rund um Pouilly Fumé die Weine regelrecht rauchig und pikant werden lassen. Eine Besonderheit sind die besten weißen Bordeaux aus den Appellationen Graves und Pessac-Léognan. Hier wird dem schlanken Körper des Sauvignon Blanc mit der Rebsorte Semillon mehr Fleisch auf die Rippen gegeben. Ausgebaut in besten Barriquefässern aus französischer Eiche, verfügen die Weine über so viel aromatische Komplexität, dass sie Jahrzehnte in der Flasche reifen können und besser werden. Für welchen Sauvignon-Blanc-Typ Sie sich auch entscheiden – rechnen Sie mit einem Nasenschmeichler.

Pinot Noir – Russisch Roulette

»Wenn Cabernet Sauvignon ein göttlicher Wein ist, dann ist Pinot Noir der Wein des Teufels«, dieses Zitat stammt vom legendären, kalifornischen Kellermeister André Tchelistcheff und lässt erahnen welche Herausforderung der Pinot Noir für den Winzer darstellt. Die Diva im Weinberg ist ungemein empfindlich und sie lehrt den Winzer, was es bedeutet, das richtige Maß zu finden. Weder zu wenig noch zu viel Ertrag ist wünschenswert, es muss die richtige Balance zwischen Reife und Säure gefunden werden, ebenso verzeiht sie in der Weinbereitung keine Fehler. Auch für die Weinfreundin ist die Rebsorte eine Herausforderung, denn während sich bei Cabernet Sauvignon & Co höhere Qualität oft durch mehr Dichte und Konzentration äußert, ist beim Pinot Noir etwas ganz anderes wichtig. Je höher die Qualität, umso feiner und vielfältiger werden die aromatischen Schichten. Die besten Pinot Noir sind schillernde und wandelbare Persönlichkeiten im Glas und kommen dabei leichtfüßig wie eine Ballerina daher. Wer sich einmal auf so einen Wein eingelassen hat, wird danach süchtig sein. Allerdings ist die Flaschenreife eines exzellenten Pinot Noirs unberechenbar. Während ein Bordeaux sich ziemlich vorhersehbar und linear entwickelt, gilt beim Burgunder das Prinzip »Russisch Roulette«. Wer heute einen exzellenten Pinot Noir trinkt, kann nicht davon ausgehen, dass vier Monate später der gleiche Wein genauso gut schmeckt. Man muss schon ein gewisses Maß an Willensstärke, Wissen und Leidensfähigkeit mitbringen, um es mit Pinot Noir aufzunehmen.

Die Wiege des Pinot Noirs steht im Burgund, wo die Rebsorte mythische Rotweine hervorbringt. Es gibt keinen seidigeren Wein als einen Chambolle-Musigny, keinen sinnlicheren als einen Vosne-Romanée und auch keinen anderen Wein der rustikal-kernig und geschliffen-elegant zur gleichen Zeit ist wie ein Gevrey-Chambertin. Im Burgund gibt es eine Qualitätspyramide, die die Weinbergslagen klassifiziert. An der Spitze thront der Grand Cru. Die besten entwickeln einen ungeheuren Druck am Gaumen und bleiben dabei stets grazil. Die nächsten Stufen sind Premier Cru, Village und die Basisqualitäten, die generisch mit Bourgogne Rouge bezeichnet werden. Burgunder sollten Sie beim Fachhändler kaufen und sich langsam vortasten. Vielleicht auch erst einmal die eine oder andere Verkostung besuchen, um herauszufinden, was Ihnen gefällt.

Aus dem Burgund kommen mit die teuersten und legendärsten Weine der Welt

Aber nicht nur im Burgund gibt es exzellente Pinot Noir. In Deutschland wird die Rebsorte Spätburgunder genannt und bringt so fantastische Weine hervor, dass ich ihr in diesem Buch ein eigenes Kapitel gewidmet habe (siehe Seite 62 »Spätburgunder – Rock'n'Roll aus dem Schwarzwald«). In den USA gibt es exzellente Pinot Noir in Oregon. Hier erreichen die Weine eine ähnliche Feinheit wie im Burgund, unterlegt mit etwas reiferen Fruchtaromen. Im kalifornischen Russian River Valley beweist man, dass großer Pinot Noir auch bei höherem Alkoholgehalt

Die besten Pinots Noirs faszinieren mit einem ätherischen Bukett, das kaum zu fassen ist. Je besser ein Pinot Noir, umso vielschichtiger wird sein Geschmack, ohne dabei körperreicher zu werden

Vive la France!

balanciert daherkommen kann. Zudem ist die überbordende Frucht, die sich über den Wein stülpt, einfach verführerisch. Großartige Pinot Noir findet man ebenso in Neuseeland. Die Burgunder in Marlborough fallen unkompliziert und eingängig fruchtig aus, in Martinborough erreichen sie eine ähnliche Geschliffenheit wie im Burgund. Richtig außergewöhnlich sind die Pinot Noir aus Central Otago, die eine fast mokkaartige Konzentration erreichen und trotzdem nichts von ihrer Feinheit verlieren.

Alle Burgunder sind eine klasse Herausforderung für die Weinfreundin. Sie sind entweder so gut, dass sie einen sprachlos zurücklassen oder so mies, dass der Flascheninhalt nicht selten im Ausguss landet. So oder so kosten sie immer viel Geld. Deshalb braucht es ein Spielerherz, um im »Pinot Roulette« mitspielen zu können.

Gamay oder trinkt mehr Beaujolais!

Ich kann mich erinnern, dass früher bei uns zu Hause Beaujolais getrunken wurde. Meine Eltern haben sich dabei an ihre Hochzeitsreise durch Frankreich erinnert und manchmal glaube ich, dass allein das Aussprechen des Wortes »Beaujolais« kosmopolitischen Glanz auf ihre Gesichter zauberte. Beaujolais, das war der Hit der 1980er-Jahre und wie bei vielen Verkaufsschlagern wurde auch diesem der eigene Erfolg zum Verhängnis.

Dabei kann guter Beaujolais mit seiner dunklen purpurroten Farbe, saftigen Beerenfrucht, frischen Säure und kaum vorhandenem Tannin begeistern. Diese Merkmale kann man auf die Rebsorte Gamay aber vor allem auf die übliche Bereitungsmethode, der sogenannten Kohlensäuremaischung, zurückführen. Für diesen besonderen Prozess werden unversehrt geerntete ganze Trauben in einen gut verschließbaren Tank gegeben und unter Kohlensäuredruck kurz angegoren. Die Kohlensäure sorgt dafür, dass innerhalb der Zellen Zucker in Alkohol umgewandelt wird, dabei Farbstoffe und Aromen aus der inneren Schalenschicht extrahiert werden, aber sich kaum Tannin lösen kann, das sich in der äußeren Schalenschicht befindet. Nach etwa zehn Tagen sind auf diesem Weg etwa 3 Vol.-% Alkohol entstanden. Der Wein wird gepresst und ohne Schalen, temperaturkontrolliert zu Ende vergoren. Wegen dieser Methode haben die Weine trotz dunkler Farbe kaum Tannin, schmecken sehr fruchtbetont und können früh getrunken werden. Darauf gründet der Erfolg des »Beaujolais Nouveau«, der kurz nach der Ernte immer am dritten Donnerstag im November auf den Markt kommt. Allerdings sind das oft wenig überzeugende Massenprodukte. Viele kleine Winzer bemühen sich in der Region um ein besseres Image, mit Weinen die Anspruch und Trinkfluss vereinen. Dann bezaubert Beaujolais mit tiefgründigen Kirscharomen und Mineralität, aber beschwert die Zunge nicht mit Tannin oder neuen Holzfassaromen. Anstatt einmal im November »Le Beaujolais Nouveau est arrivé!« zu rufen, sollte man lieber das ganze Jahr mehr und richtig guten Beaujolais trinken.

Cabernet Sauvignon – »Pluralis Majestatis«

Wenn die Queen von sich selbst spricht, sagt sie nicht »ich« sondern »wir«. Ihr steht er zu, der »Pluralis Majestatis«, der Adelige als besonders mächtig und würdig auszeichnet. Könnte die rote Rebsorte Cabernet Sauvignon etwas von sich erzählen, dann würde sie es auch in der Mehrzahl tun, denn sie ist unbestritten die Königin unter den Rebsorten, die nicht nur in Bordeaux für die nobelsten Weine sorgt, sondern auch als Teil in einer Cuvée mit anderen Rebsorten jedem Wein herrschaftlichen Glanz verleiht. Sie braucht ausreichend warmes Klima, um sich wohlzufühlen. Weil das in vielen Anbaugebieten leicht zu erfüllende Ansprüche sind und ihre Qualität vom Einstiegswein bis zum Spitzengewächs begeistert, hat sie die Weinwelt im Sturm erobert. Ihr zu eigen sind die durchdringenden Aromen von schwarzen Johannisbeeren und Süßkirschen. Sie liebt es, von luxuriösem Eichenholz umschmeichelt zu werden, um dann mit Aromen von Zigarrenkiste, Zedernholz und Kakao mit ihren Genießern zu flirten. Sie verfügt über eine dicke Beerenhaut, was sie robust im Anbau macht, aber auch für das kräftige, strukturierte Gerbstoffgerüst der Weine sorgt und ihre enorme Alterungsfähigkeit begründet. Die Weine werden mit Reife tiefgründiger, komplexer und raffinierter, ganz so wie große Schauspielerinnen à la Helen Mirren, Meryl Streep oder Diane Keaton.

Cabernet Sauvignon liebt den Ausbau in luxuriösem Eichenholz, um dann mit Aromen von Zigarrenkiste, Zedernholz und Kakao mit ihren Genießern zu flirten

Vive la France!

In weniger warmen Gebieten kann das Tanningerüst linear und zu stringent ausfallen. Dann wird Cabernet Sauvignon gerne mit anderen Rebsorten verschnitten. Allen voran mit Merlot, der mit seiner fleischigen Textur der Cabernet Sauvignon Fülle verleiht. Im Bordeaux hat es diese klassische Cuvée aus Cabernet Sauvignon und Merlot zu Weltruhm gebracht. Oftmals ergänzt durch einen Schuss Cabernet Franc für minzige Frische und Petit Verdot für dunkle Farbe, sehnige Ledrigkeit und Pfefferwürze. Nachdem sich weltweit Winzer an den großen Weinen Frankreichs orientieren, ist es nicht verwunderlich, dass sie rund um den Globus kultiviert wird und dann auch gerne mit heimischen Rebsorten verschnitten wird, um diesen weltläufigen Glanz zu verleihen. Dabei ist es erstaunlich, dass oft wenige Prozent Cabernet Sauvignon im Verschnitt reichen, um einen Wein geschmacklich zu beherrschen. In der Neuen Welt begründete Cabernet Sauvignon den Ruhm ganzer Regionen und Weinnationen. Was wäre nur aus Kalifornien in den USA, Stellenbosch in Südafrika und Coonawarra in Australien ohne ihre königliche Majestät geworden? Cabernet Sauvignon ist eine echte Königin in der Weinwelt. Darf ich vorstellen: »Ihre Majestät, la regina Cabernet Sauvignon.« – »Wir lassen bitten.«

CABERNET SAUVIGNON: EINE REBE EROBERT DIE (NEUE) WELT

Merlot – der Gaumenschmeichler

Die Beliebtheit und die weltweite Verbreitung des roten Merlots lassen sich mit seinem Charme begründen. Er füllt den Gaumen mit saftiger Pflaumenfrucht, samtigen Tanninen, seidiger Textur und dezent bitterem Finish. In vielen Klimazonen und auf unterschiedlichen Böden kann Merlot gute Weine erbringen. Die runde, oft opulente Art machte ihn zum Publikumsliebling. Er ist einfach zu kultivieren und kann solide Erträge hervorbringen, was ihn zum beliebten Lieferanten auch für Basisweine macht. Einen besonders komplexen Ausdruck bekommt Merlot im Bordeaux, wo er dem kräftigen und manchmal kantigen Cabernet Sauvignon in der Cuvée Fleisch auf die Rippen gibt und in Pomerol und Saint-Émilion, wo er als Hauptdarsteller zu Bestform aufläuft. Dort wird er häufig mit Cabernet Franc verschnitten, der dem manchmal etwas zu rund geratenen Merlot minzige Frische, Säure und ein kerniges Tanningerüst verleiht. Pomerol erkennt man am erdigen, trüffeligen Geschmack, während die Weine im benachbarten Saint-Émilion eher fruchtbetont sind. Beste Weine aus beiden Regionen reifen zu großer Komplexität heran. Gute, solide und preisgünstige Merlots kommen in Frankreich auch aus dem Languedoc. Ebenso liefert die Rebsorte im italienischen Veneto, neben dem weißen Pinot Grigio, solide und gute Massenweine. Weiter südlich in der Region Chianti wird Merlot gerne verwendet, um den oft kantigen Sangiovese weichzuspülen. In der Neuen Welt ist Merlot ebenso weit verbreitet. In Kalifornien wird er vollreif und liefert üppige, saftige und runde Rotweine. Auch spielt er eine größere Rolle in Chile und Argentinien. In Neuseeland wird er zusammen mit Cabernet Sauvignon in Hawke's Bay großartigen Bordeaux-Cuvées verschnitten, die mit den Weinen aus Frankreich locker konkurrieren können.

Cabernet Franc – der kühle Star

Aus Cabernet Franc entstehen so zauberhafte Weine, dass es Zeit wird, dem kühlen Star mehr Aufmerksamkeit zu schenken. Sie ist vor allem in Frankreich in Regionen wie im Bordeaux oder an der Loire zu Hause. Aber auch in wärmeren Regionen wie dem ungarischen Villány oder in Israel reift sie zu ganz großer Komplexität heran. Typisch für Weine aus dieser Rebsorte sind Aromen von roter Paprika und schwarzer Johannisbeere, immer durchbrochen von einer kühlen Mentholnote. Hinzu kommen ein mittelkräftiger Körper und ein moderates Tanningerüst, dass sie zusammen mit der reifen Frucht und kühlen Frische

Saftige Frucht, samtiges Tannin und seidige Textur machen den Merlot zum Gaumenschmeichler

Vive la France!

schon früh zugänglich machen kann. Die besten Cabernet Franc aus Frankreich leben von einer geschmeidigen Dichte, die von saftigen Johannisbeer- und Kirschnoten getragen wird. Wenn diese Weine reifen, entfalten sich Aromen von Zigarrenkiste, Trüffel und Tabakblättern. In Villány oder Israel fällt die Frucht zwar reifer aus, allerdings wirken die Weine aufgrund der kühlen, minzigen Frische im Finish niemals marmeladig oder gar breit. Kurzum, kaufen Sie mehr Cabernet Franc!

Grenache und die »Heilige Dreifaltigkeit«

Die rote Grenache oder Garnacha, wie man sie in Spanien nennt, ist eine der meistangebauten Rotweinrebsorten der Welt und doch ist sie vielen Weinkennerinnen nicht sonderlich geläufig. Das liegt daran, dass ihr Name selten solo auf dem Etikett auftaucht. Sie bringt Weine mit heller Farbe hervor, die zwar saftig kirschfruchtig sind, aber wenig Tanningerüst und Säure haben und schnell oxidieren können. Grenache wird mit anderen Rebsorten verschnitten. Berühmt ist die als »Heilige Dreifaltigkeit« bezeichnete Cuvée aus Grenache, Syrah und Mourvèdre. Drei Rebsorten, die in Südfrankreich im Châteauneuf-du-Pape, aber auch in der australischen Region Barossa die Hauptdarsteller in den Weinen spielen. Grenache braucht ein warmes, trockenes Klima und ist wie gemacht für Südfrankreich, Spanien und die heißen Gegenden in Australien und Kalifornien. Erntet man zu hohe Erträge, schmeckt sie dünn und grasig. Um wirklich herausragende Weine aus ihr zu machen, muss man die Erntemengen reduzieren. Das passiert am besten auf ganz natürlichem Weg, wenn die Rebstöcke über dreißig Jahre alt sind und von sich aus weniger Trauben ansetzen. Die Winzer sind stets stolz auf das Alter der knorrigen, in Buschform erzogenen Grenache. Diese knorrigen Pflanzenwesen bringen hochkonzentrierte Trauben hervor. Aus ihnen werden dunkelfarbige Weine gekeltert, die mit ausreichend seidigem Tannin, komplexer Beeren- und Kirschfrucht, mit typischen Aromen nach getrockneten Kräutern und weißem Pfeffer ausgestattet sind, und die gut reifen können. Solche erstklassigen Weine mit Grenache in der Hauptrolle findet man im spanischen Priorat oder Montsant, in Frankreich an der südlichen Rhône, aber eben auch im australischen Barossa Valley.

Sehr beliebt ist Grenache auch für die Produktion von Roséweinen, die mit einem intensiven Pink-Ton und delikaten Erdbeernoten ausgestattet sind. So wird sie in Frankreich für den Tavel oder Provence Rosé mit dem herben, knochentrockenen Cinsault verschnitten, der durch Grenache eine charmante Extraktsüße bekommt. Im spanischen Navarra liefert Grenache fast neonfarbenen und süffigen Rosé.

Syrah oder Shiraz – gepfefferte Frucht oder Schokolade

Die rote Syrah ist eine der noblen Rebsorten, deren Weine so viel Struktur haben, dass sie sehr lange in der Flasche reifen und komplexer werden können. Ob Syrah oder wie in Australien Shiraz auf dem Etikett steht, sagt schon viel über den Wein aus, den man in der Flasche findet. Die Rebsorte wird weltweit angebaut und folgt stilistisch entweder dem klassischen französischen oder dem kräftigen australischen Stil. Frankophil vinifizierte Weine werden daher auf dem Etikett als »Syrah« bezeichnet und die im würzigen, konzentrierten, australischen Stil bereiteten Weine als »Shiraz«.

In ihrer Heimat Frankreich entstehen besonders an der kühlen nördlichen Rhône herausragende Weine, deren typischer Charakter mit Aromen von schwarzem Pfeffer, Veilchen, Pflaume, Teer und Leder beschrieben werden. Typisch ist die dunkelviolette Farbe und die manchmal sehnig wirkenden Tannine, die nach einem kräftigen Essen verlangen. Die besten Appellationen an der nördlichen Rhône sind der kraftvoll konzentrierte Hermitage und der eher feminine Côte-Rôtie, der neben den pfeffrigen Fruchtaromen Noten von Rauch und gebackenem Speck entwickeln kann. Cornas ist weniger konzentriert. Saint-Joseph und Crozes-Hermitage liefern saftige, angenehm zu trinkende Weine. Weiter im Süden ist Syrah wichtiger Verschnittpartner, um zum Beispiel dem üppigen Grenache mehr Struktur zu geben. Wenn Pfeffer das Leitaroma in den Syrah-Weinen der nördlichen Rhône ist, dann ist es Schokolade im australischen Shiraz. In Down Under hat sich die Rebsorte zum unverwechselbaren Markenzeichen der australischen Weinbranche entwickelt. Vor

Veilchenduft und Pfefferaromen geben einem Syrah den besonderen Pfiff

Vive la France!

Ob Syrah oder Shiraz auf dem Etikett steht, verrät viel über Stil und Geschmack des Weines

allem im Barossa Valley bringen alte Reben schokoladige, konzentrierte Weine hervor, die trotz höherem Alkoholgehalt balanciert und vielschichtig daherkommen. Zudem bekommen die Weine durch ein feines Eukalyptus-Aroma noch einen raffinierten, frischen Lift im Finish. Im südlichen Kalifornien sorgen die sogenannten »Rhône-Rangers« für außergewöhnliche Weine aus der Rebsorte. Ebenso gibt es exzellente Weine aus Südafrika, Chile oder Neuseeland. Syrah oder Shiraz wird Weinfreundinnen schmecken, die gerne kräftige, vollmundige Rotweine schätzen, die ruhig auch etwas mehr Tannin haben können.

Mourvèdre – herzhaft mit Biss

Die Rebsorte Mourvèdre mit ihrer dicken Schale braucht viel Hitze, um auszureifen. Sie ist deshalb ideal für die warmen Regionen rund ums Mittelmeer, wo sie würzige und kraftvolle Weine hervorbringt. Sie spielt in der Appellation Bandol in der Provence die Hauptrolle, wird aber aufgrund ihrer tiefdunklen Farbe und kräftigem Tanningerüst auch gerne mit anderen Rebsorten wie Grenache oder Syrah verschnitten. In den sehr warmen, spanischen Regionen Jumilla, Yecla und Alicante wird sie Monastrell genannt und sorgt dort neuerdings für Furore. Die Weine aus Mourvèdre sind sehr farbintensiv und herzhaft und verfügen über eine gute Lagerfähigkeit. Ihr Aromaspektrum umfasst Pfeffer, Wild, Trüffel und schwarze Früchte. Typisch ist ein körniges und kraftvolles Tanningerüst. Mourvèdre ist kein zartes Mauerblümchen, sondern ergibt herzhafte Rotweine mit viel Biss. Für alle Weinfreundinnen, die gerne vollmundige und kräftige Rotweine trinken.

Aromen von Pfeffer, Wild, Trüffel und schwarzen Früchten kombiniert mit einem zupackenden und kräftigen Tanningerüst machen den Mourvèdre so einzigartig

Vive la France!

MEIN ISRAEL
WEINE JENSEITS VON KOSCHER

Wer am Flughafen in Tel Aviv landet, dem fällt als Erstes das Stimmengewirr aus unendlich vielen Sprachen auf. Ob Spanisch, Russisch, Hebräisch, Polnisch, Arabisch, Deutsch, Englisch – in den langen und blank polierten Fluren nimmt man Gespräche in fast jeder Sprache der Welt wahr. In langen Reihen steht man dann zusammen vor der Passkontrolle und schaut ungeduldig rechts und links an seinen Mitreisenden vorbei. Wer das Land schon kennt, der kann es nämlich kaum erwarten, dass es endlich losgeht. Dass man endlich ins legendäre Nachtleben von Tel Aviv eintauchen, durch die faszinierend schönen Landschaften streifen, Spuren in den langen Sandstränden am Mittelmeer hinterlassen kann. Dass man durch die Gassen von Jerusalem schlendern, dabei die Menschen beobachten kann, die vom Mythos der heiligen Stätten ergriffen sind. Oder dass man eben eines der vielen Weingüter besuchen kann, auf denen Winzer mit großer Liebe zu ihrer Scholle ganz besondere Weine keltern. Israel ist für mich eines der faszinierendsten Länder der Welt, und auch in Sachen Wein hat das kleine Land viel zu bieten.

Ein kleines Land mit großer Vielfalt

Israels Weine in nur eine Schublade zu stecken ist dabei unmöglich. In einem Land, das nur halb so groß ist wie die Schweiz, findet man eine Vielzahl von klimatischen Bedingungen. Wer möchte, kann morgens am Mount Hermon skilaufen, mittags eine Banane am See Genezareth pflücken, nachmittags am Mittelmeerstrand von Tel Aviv einen Cappuccino trinken und den Abend bei einer Kamelsafari durch die Negev-Wüste ausklingen lassen. Von den Golanhöhen bis in die Wüste ranken Reben, um die sich mehr als 300 Weingüter kümmern – vom Boutiqueweingut bis zum Global Player. Kein Wunder also, dass es hier so viele verschiedene Weine gibt.

Baronin Philippine de Rothschild prägte den Satz: »Wein ist wirklich keine schwierige Branche. Nur die ersten 200 Jahre sind schwierig.« Das trifft gerade in Israel den Nagel auf den Kopf. Denn die jüngere Weingeschichte im Heiligen Land ist kaum älter als 150 Jahre. Zwar gehörte die Region einst zum sogenannten fruchtbaren Halbmond, dem Landstrich, in dem der Mensch vor etwa 10 000 Jahren begann, sesshaft zu werden, mit Landwirtschaft zu beginnen und bald danach Weinbau zu betreiben. Zahlreiche Bibelstellen im Neuen und Alten Testament weisen darauf hin, dass es hier schon früh eine hoch entwickelte Weinbranche gab: So bestand Noahs erste Arbeit, als er nach der Sintflut die Arche verlassen konnte, einen Weinberg zu pflanzen. Und das erste Wunder Jesu war es, Wasser in Wein zu verwandeln.

Wer eine Rundreise durch das Heilige Land macht, kann zahllose antike Weinpressen bewundern, die vor mehr als 5000 Jahren in die Felsen gemeißelt wurden. Trotz dieser langen Geschichte weiß man heute nicht mehr, aus welcher Rebsorte König Davids Lieblingswein war: Denn die heimischen Rebsorten, wie man sie etwa in Italien oder Griechenland kennt, sind im Sturm der Zeiten verloren gegangen, der wohl immer umso stärker bläst, je mehr »Heiliges« im Spiel ist …

Mutige Winzer und »Learning by Doing«

So ist heute für die Winzer eine der größten Herausforderungen, herauszufinden, welche der internationalen Rebsorten am besten zu den

Die meisten Rebflächen findet man im kühleren Norden des Landes

natürlich Gegebenheiten passen. Das kann man leider nur bedingt an Weinuniversitäten lernen oder aus Klimadaten und Auswertung von Bodenprofilen ableiten. Richtig große und spannende Weine entstehen dann, wenn Reben in den für sie oft grenzwertigen Lagen stehen. Das kann man eben nur durch Ausprobieren, Fehlermachen und Lernen herausfinden. Eine langwierige Aufgabe – und wohl das, was Madame Rothschild mit ihrem Ausspruch gemeint hat.

In Israel findet man vor allem Bordeaux-Rebsorten wie Cabernet Sauvignon oder Merlot, die man auch als »internationale Rebsorten« bezeichnet, weil sie in jedem Weinland angebaut werden. Diese Rebsorten kamen im 19. Jahrhundert ins Land, als der Philanthrop Edmond de Rothschild die ersten landwirtschaftlichen »Gehversuche« der erstarkenden jüdischen Gemeinde unterstützte und einfach Reben vom elterlichen Château Lafite-Rothschild aus dem Bordeaux hierher brachte. Diese Bordeaux-Rebsorten sind heute immer noch weit verbreitet und beliebt. Denn sie kommen mit dem warmen Klima gut zurecht und bringen zuverlässig anständige Weine hervor, mit denen viele Weinfreunde zufrieden sind. Aber Cabernet Sauvignon hilft einem Winzer leider nicht dabei, einen eigenen Fingerabdruck in der Weinwelt zu hinterlassen. Die Erfahrung zeigt, dass sich im kleinen Holzfass ausgebaute Bordeaux-Blends aus warmen Klimazonen geschmacklich ähneln. Dabei ist es der Wunsch jedes Winzers, einen Wein zu bereiten, der in Duft und Geschmack unverwechselbar ist. Den man in einer Verkostung eindeutig seiner Scholle zuordnen kann. Diese Suche nach dem unverwechselbaren Geschmack zeichnet viele israelische Winzer aus.

Carignan – vom Arbeitspferd zur Überraschung

Eine der Überraschungen sind dabei die Rotweine aus der Rebsorte Carignan, die in vielen anderen mediterranen Regionen weder bekannt noch erfolgreich ist. In Südfrankreich landet Carignan im Rosé, der mittlerweile 90 Prozent der provenzalischen Weinproduktion ausmacht. Doch hier im östlichen Mittelmeerraum scheint die Rebe ihre wahre Heimat gefunden zu haben: Carignan ist Bestandteil des legendären Château Musar aus dem Libanon, und weiter südlich in Israel sorgt man mit reinsortigen Weinen für eine Rehabilitierung der als »Arbeitspferd« abgestempelten Rebsorte.

Denn eine der großen Herausforderungen für den Winzer in einem heißen Klima ist es, Reben mit ausreichend Säure und Reife zu ernten. Oft wird ein Kompromiss eingegangen, der eher selten große Weine zulässt. Der Vorteil von Carignan hingegen ist, dass er über eine hohe Säure verfügt, und es dem Winzer ermöglicht, so lange mit der Ernte zu warten, bis die Trauben vollreif sind, um dann immer noch über genug Frische zu verfügen. Hinzu kommt, dass es in Israel viele sehr alte, in Buschform erzogene Carignan-Weinberge gibt. Schließlich war Carignan in Israel bis in die 1970er-Jahre die meistgepflanzte Sorte, die damals in den Kiddusch-Weinen landete. Das sind jene Weine, die religiösen Zwecke dienen, aber nicht unbedingt geschmacklich überzeugen müssen. (Kiddusch ist der Segensspruch über einem Becher Wein.) Heute reduzieren die Winzer die Erträge, und es entstehen Carignan-Weine mit kraftvoller Eleganz und ebenso komplexen wie ungestümen Aromen von wilden schwarzen Früchten – eine echte Entdeckung.

Weine für Entdecker

Ebenso einzigartig sind die Weine aus der Rebsorte Cabernet Franc. Sonst wird Cabernet Franc meistens als Cuvée-Partner verwendet, nur an der Loire oder im Friaul wird er reinsortig auf die Flasche gebracht. Dabei gelingt es oft nicht, die grünen Aromen sowie die Tannine des Cabernet Francs zu zähmen und genug Fleisch auf die Rippen zu bekommen. In Israel hingegen gelingt Cabernet Franc besonders gut: Er spiegelt die Sonne des Landes, während er dennoch die französische Raffinesse behält.

Eine weitere Aufgabe für jede junge Weinbranche ist es, den richtigen Weg in der Weinbereitung zu finden. Ungeübte Gaumen neigen dazu, Qualität mit Konzentration zu verwechseln. Dabei empfiehlt es sich gerade in einem warmen Klima, kellertechnisch auf die Bremse zu drücken, also zum Beispiel nicht zu viele neue Fässer zu verwenden und dadurch zu viel Holzgeschmack in die Weine einzutragen. Diese Entwicklungen haben viele israelische Winzer längst hinter sich gelassen.

Eine pulsierende Weinszene

Die Weinszene in Israel ist in ständiger Bewegung. Denn Wein ist hier schon lange nicht mehr nur ein Getränk, das religiöse Zeremonien begleitet. Der Wein soll auch verwöhnte Gaumen überzeugen. Dabei werden immer noch 95 Prozent der Weine koscher und darum unter der Obhut eines Rabbi produziert. Das begründet sich auf den Exportchancen, die zum Beispiel große jüdische Gemeinden in den USA bieten. Ein Wein ist koscher, wenn er unter der Aufsicht eines Rabbi erzeugt wurde und sowohl der Wein selbst als auch alle Kellergeräte nur mit orthodoxen Juden in Berührung gekommen sind. Da in der Regel die Winzer selbst keine strenggläubigen Juden sind, dürfen sie ihre Weine nicht anfassen, wenn diese koscher bleiben sollen. Sie können aber die orthodoxen Kollegen beaufsichtigen und fachlich anweisen. Ernte-, Ausbau-, Abfülltechniken und daher die Qualitäten sind die gleichen wie bei nicht-koscheren Weinen. Daher spielt es für nicht-gläubige Kenner keine Rolle, ob der Wein koscher ist oder nicht.

Was sich auf die Weinbranche besonders positiv auswirkt, ist die lebendige und innovative Restaurantszene Israels. Wie in den Hallen des Flughafens treffen auf den Tellern des Landes die Kulturen aufeinander. Gepaart mit der mediterranen Lebensart, die bekanntlich großen Wert auf gutes Essen in angenehmer Gesellschaft legt, entsteht eine vielfältige kulinarische Welt. Die gilt es zu entdecken! Man kann sich kaum entscheiden, in welches angesagte Restaurant man heute gehen will. Viele Köche arbeiten mit den Winzern zusammen, um sich über die verschiedenen Weinstile auszutauschen, Änderungen vorzuschlagen und um nach den besten Weinen für ihre raffinierten Gerichte zu suchen.

Mein Tipp: Wer die Gelegenheit hat, nach Israel zu reisen, sollte nicht nur die touristischen Sehenswürdigkeiten besichtigen, sondern unbedingt auch ein Weingut besuchen. Auf allen Weingütern wird man sehr herzlich empfangen, und die Winzer erzählen voller Leidenschaft und Begeisterung von ihrer Scholle, die ihre Weine so besonders macht. Und es ist wie überall auf der Welt – bei gutem Essen und Wein lernt man Land und Leute am besten kennen. In diesem Sinne: l'Chaim – auf das Leben!

Süßsaure Fruchtaromen und süße Gewürze machen den Zinfandel besonders

WAS GIBT'S NEUES IN DER NEUEN WELT?
ROTE REBSORTEN AUS ÜBERSEE

Zinfandel – »God bless America!«

In Amerika scheint alles viel größer, schriller und üppiger zu sein. Wer zum Beispiel in Kalifornien einen Wagen mietet, findet sich in einem knallroten, tiefergelegten Ford Mustang wieder, mit dem man röhrend über die extrabreiten Straßen düsen kann. Das Roastbeefsandwich von Dean & DeLuca vermag nur der zu essen, der auch seinen Unterkiefer aushaken kann, und die Seelöwen am Pier 39 in San Francisco sehen auch dicker aus als anderswo, ganz so als würden sie die Essgewohnheiten der Landsleute teilen. So, wie Amerika is(s)t, sind auch oft die Weine. Immer etwas lauter, voller, ausladender, aber dabei ganz und gar nicht unsympathisch. Wer auf der Suche nach dem wahren kalifornischen Wein ist, sollte sich auf die Spuren des roten Zinfandel begeben. Ende des 19. Jahrhunderts wurde diese Rebsorte von italienischen Einwanderern mitgebracht, die in deren Heimat als Primitivo bekannt ist. Heute sind sogar noch Originalpflanzungen zu finden, oft über hundert Jahre alte, knorrige Pflanzen, die von ihren Besitzern stolz als nationales Erbe gepflegt werden.

Das Besondere an der Rebsorte ist, dass die Beeren innerhalb einer Traube besonders ungleichmäßig reifen. Zur Ernte findet man eingetrocknete Rosinen und überreife neben noch unreifen Beeren. Das ergibt den für diesen Rotwein so typischen süß-sauren Eindruck. Das Tannin startet erst geschmeidig und hat am Ende doch noch den nötigen Biss, um die reife Fruchtfülle auszubalancieren. Die unreifen Beeren steuern die nötige Säure bei, damit der Wein nicht zu breit wird, und die Aromen von reifen Pflaumen, Sauerkirschen und Gewürznelken schmeicheln der Nase. Ausgebaut wird Zinfandel oft in amerikanischer Eiche, die weniger ernsthaft strukturierendes Tannin abgibt als die französische Eiche, sondern die Weine mit üppigeren Vanille- und Kakaonoten ausstattet, was dieser Rebsorte besonders gut steht. Ein saftiges Steak oder ein Burger mit knusprigen Fritten auf dem Teller und einen Zinfandel im Glas – da kann man nur noch seufzen: »God bless America!«

Malbec oder Fleisch ist mein Gemüse

In keinem anderen Land wird so viel Rindfleisch gegessen wie in Argentinien. Beim traditionellen Barbecue wird es über Holzkohle geschmort und der kräftige Rotwein Malbec ist der richtige Wein dazu. Es ist den argentinischen Winzern zu verdanken, dass uns diese Rotweinsorte so vertraut ist. Die Bergausläufer im Regenschatten der Anden bieten die optimalen Bedingungen für Malbec. Hier erreicht das Thermometer tagsüber bis zu 40 °C und fällt nachts durch die kühle Luft der Anden rapide bis auf 10 °C. Dieses einzigartige Klima ermöglicht es, dem gewaltigen Tanningerüst des Malbecs zur Reife zu gelangen und die nächtliche Abkühlung sorgt dafür, dass die Aromen nicht marmeladig werden und die Trauben ihre frische Säure bewahren. Es entsteht ein unverwechselbarer Rotweintypus mit tiefdunkler schwarz-violetter Farbe sowie Aromen von saftigen Maulbeeren, reifen Damaszenerpflaumen, Tabak und Zartbitterschokolade. Bezeichnend ist das mundfüllende Tanningerüst, das zupackend startet, um sich kurz darauf in wohlige, samtige Textur aufzulösen. Kraftvoll und geschmeidig zugleich, begeistert er überzeugte Rotweintrinkerinnen und alle die, die ähnlich wie viele Argentinier von sich sagen können: »Fleisch ist mein Gemüse.«

ALLES WAS PRICKELT
VON PROSECCO BIS CHAMPAGNER

Nachdem der Metallkorb vorsichtig entfernt wurde, drückt der Korken bereits gegen die Hand, die ihn zu halten versucht. Der Korken will jetzt raus – plopp! Die Flasche ist geöffnet und mit Schwung wird in die schlanken Gläser gezielt, um danach auf das Wohlsein anzustoßen. Ein Ritual, das jedem Familienfest, jedem Geburtstag und überhaupt jedem besonderen Anlass etwas Feierliches verleiht. Mit einem Pro-Kopf-Verbrauch von fast fünf Flaschen im Jahr sind wir in Deutschland unangefochtene Nummer eins, wenn es um Sektkonsum geht. Ob es was zu feiern gibt oder nicht, wir mögen offenbar alles, was prickelt und zwar von Prosecco bis Champagner. Und es gibt eine enorme Vielfalt, die zu Entdeckungen einlädt. Dabei sollten Sie die Faktoren kennen, die den Geschmack und die Qualität des Schaumweines beeinflussen, damit Sie nachher mühelos den richtigen Prickler für den eigenen Geschmack und Geldbeutel finden.

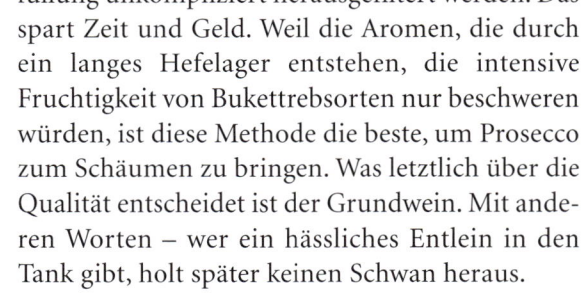

Die Bereitungsmethode

Schaumwein entsteht meistens durch eine zweite Gärung. Fertiger Wein wird dabei nochmals mit Hefe und etwas Zucker versetzt und in einem geschlossenen Behälter, in dem die entstehende Kohlensäure nicht entweichen kann, zur Gärung gebracht. Bei exklusiven Schaumweinen wie Champagner oder Winzersekt geschieht dies in der Flasche und an die Gärung schließt sich ein langes Hefelager an. Dabei zersetzt sich die Hefe langsam und gibt Stoffe ab, die für feine Aromen sowie nachhaltig aufsteigende Kohlensäureperlen sorgen. Je länger das Hefelager, umso feiner fällt der Geschmack aus. Ist die Lagerung abgeschlossen, muss der Hefesatz aufwendig entfernt werden. Diese Herstellungsmethode hat sich für die besten Sekte bewährt, ist allerdings auch teuer. Schaumweine, die günstig sind oder aus Bukettrebsorten wie Muskateller oder Glera (früher Prosecco genannt) bestehen, werden gerne mit der Tankgärmethode bereitet. Wie der Name schon sagt, findet die zweite Gärung in Tanks statt, das Hefelager fällt kurz aus und der Hefetrub kann vor der Abfüllung unkompliziert herausgefiltert werden. Das spart Zeit und Geld. Weil die Aromen, die durch ein langes Hefelager entstehen, die intensive Fruchtigkeit von Bukettrebsorten nur beschweren würden, ist diese Methode die beste, um Prosecco zum Schäumen zu bringen. Was letztlich über die Qualität entscheidet ist der Grundwein. Mit anderen Worten – wer ein hässliches Entlein in den Tank gibt, holt später keinen Schwan heraus.

Die Rebsorten

Die Rebsorten mit ihren Aromen und ihrer Struktur haben ebenfalls großen Einfluss auf den Geschmack. Dabei ist immer von Vorteil, wenn diese

Die wichtigsten Rebsorten & Weinstile

von Natur aus einen höheren Säuregehalt haben, denn nur eine spritzige Säure in Verbindung mit Kohlensäure kann richtig aufregend prickeln. Eher neutralere Rebsorten wie Chardonnay oder Weißburgunder können die Hefearomen, die durch ein langes Hefelager entstehen, besonders vorteilhaft zeigen. Während die Aromen von Bukettrebsorten wie Muskateller durch die aufsteigenden Kohlensäureperlen regelrecht aus dem Glas katapultiert werden.

Der Geschmack

Der letzte Schritt in der Herstellung ist das Einstellen des Geschmacks mit der sogenannten Dosage. Dabei wird dem Schaumwein ein Gemisch von Wein und Zucker zugegeben, das die Süße regelt. Verzichtet der Winzer auf die Zugabe einer Dosage, kann »brut nature«, »naturherb« oder »dosage zéro« auf dem Etikett stehen. Diese Sekte sind für alle Weinfreundinnen geeignet, die es besonders herb mögen. Die gängigste Geschmacksangabe ist »brut«. Hier wurde nur etwas Zucker zugegeben, um den Geschmack abzurunden, aber noch nicht so viel, dass es süß schmeckt. Es entsteht oft ein spannender Bogen zwischen Säure, Kohlensäure und Zucker, der zusätzlich die Aromen am Gaumen betont. Liebliche Schaumweine erkennt man an Bezeichnungen wie »demi-sec«, »doux« oder paradoxerweise »trocken«. Während »trocken« bei Stillwein für herben Wein steht, bezeichnet es im Schaumweinbereich Produkte mit deutlicher Süße. Es lohnt sich besonders genau »hinzuschmecken«, denn Süße wird auch gerne als »Make-up« eingesetzt, um fade, geschmacklose Prickler aufzuhübschen.

Die Qualität erkennen

Die besten Schaumweine haben eine fein perlige und nachhaltige Kohlensäureentwicklung. In ein schönes Sektglas eingegossen, sollten sich feine Perlenschnüre vom Glasboden bis an die Oberfläche ziehen, um dort wie Seifenblasen zu zerplatzen. Schlechte Grundweine, aus grob behandelten Trauben, die mit Hilfe der Tankgärung ganz schnell zum Schäumen gebracht werden, können diese Feinheit niemals erreichen. Oft hat man nach einem Schluck das Gefühl, dass einem die Kohlensäure bei der Nase wieder herauskommt. Ebenso sind Prickler, bei denen die Perlage ganz schnell verfliegt von eher minderer Qualität.

Die Gründe für die Preisdifferenzen

Schaumweine, die mit Hilfe der traditionellen Flaschengärung bereitet werden, sind aufwendiger in der Herstellung und meistens deutlich teurer als andere. Was den Preis allerdings noch beeinflusst, ist die Sektsteuer in Deutschland. Hat ein Schaumwein mehr als 2,5 bar Kohlensäuredruck, ist eine Steuer von 1,02 Euro pro Flasche fällig. Cava, Champagner oder Winzersekt haben in der Regel einen Druck von 6 bar und fallen damit unter die Steuerpflicht. Wer dies umgehen möchte, der muss auf Perlwein in Deutschland oder Frizzante in Italien zurückgreifen. Wer sich also schon einmal gewundert hat, warum Prosecco Frizzante deutlich günstiger ist als Spumante, hat hier eine Erklärung dafür.

Prosecco, Franciacorta und Trento DOC – Prickelndes aus Italien

Wir alle kennen leicht schäumenden Prosecco, den es in unterschiedlichen Qualitäten gibt. Einfacher Prosecco ist mit wenig eigenem Aroma ausgestattet, kann angenehm bitzeln und schmeckt eisgekühlt am besten. Gerne wird er für diverse Mischgetränke verwendet wie zum Beispiel den Aperol Sprizz. Hergestellt in großen Mengen und mit Hilfe der Tankgärmethode gehört Prosecco zu den günstigen Trinkvergnügen. Schade ist es, dass auch die meisten Weinliebhaber nicht mehr bereit sind, für Prosecco etwas mehr zu bezahlen. Selbst dann nicht, wenn die Trauben aus den besten Lagen rund um die italienischen Städte Conegliano sowie Valdobbiadene stammen. Dabei kann Prosecco dann eigentlich erst zeigen, warum er berühmt geworden ist. Kein anderer Schaumwein verfügt über eine so unbekümmerte, blumig-duftige Aromatik und eine so zart-schmeichelnde Perlage. Wer das einmal erleben möchte, sollte nach Proseccos Ausschau halten, die auf dem Etikett die Bezeichnung DOCG und den Namen des Gebietes Conegliano-Valdobbiadene vermerkt

haben oder er kann einen der Crus verkosten wie Cartizze oder Rive.

Die Region Lombardei mit der Metropole Mailand ist das Wirtschafszentrum Italiens. Hier entstehen die Mode- und Designstücke, die mit ihrer unvergleichlichen Kombination aus Raffinesse und Lässigkeit weltweit begehrt sind. Wie überall in Italien ranken auch in diesem Landstrich Reben, die zwischen Lago Maggiore, Po-Ebene und Gardasee optimale Wachstumsbedingungen vorfinden. Daraus wird nach Vorbild der Champagne der hochkarätige Schaumwein Franciacorta gemacht, der mit seiner prickelnden Eleganz das mondäne Lebensgefühl in Mailand unterstreicht. Aus den Rebsorten Chardonnay, Pinot Bianco und/oder Pinot Nero entstehen mit Hilfe der traditionellen Flaschengärung hochkarätige Schaumweine, die den Vergleich mit Champagner nicht scheuen müssen. Qualitativ ebenbürtig sind auch die Schaumweine aus dem Trentino – die sogenannten Trento DOC. Bereits im 20. Jahrhundert brachte man das Wissen um die traditionelle Flaschengärung aus der Champagne hierher. Der Trento DOC ist speziell, weil er immer kräftiger und würziger ausfällt als andere Schaumweine und damit gerne zum Essen und nicht nur zum Aperitif gereicht wird.

Deutschland – Winzersekt im Aufwind

In Deutschland wird nicht nur viel Sekt getrunken, sondern auch viel erzeugt. Die großen Sektmarken kennt man aus Funk und Fernsehen. Deutscher Sekt wird vielfach aus verschiedenen Grundweinen aus ganz Europa zusammengestellt und mit Hilfe der Tankgärung zum Schäumen gebracht. Dabei überzeugen diese Sekte mit ihrem sehr guten Preis-Genuss-Verhältnis. Wer es individueller mag, sollte nach Winzersekt Ausschau halten. Hier darf der Grundwein nur von den Rebflächen stammen, die in der Hand des jeweiligen Winzers liegen. Bereitet mit Hilfe der traditionellen Flaschengärung entstehen in den verschiedenen Anbaugebieten ganz hochkarätige Schaumweine. Allen voran aus der Rebsorte Riesling, die mit ihren Aromen von Steinobst, Zitrusfrüchten und weißen Blüten sowie frischer Säure verzaubert. Die Winzer setzen aber auch auf Burgundersorten wie Weißburgunder oder Chardonnay, die besonders elegante Sekte hervorbringen. Eine Spezialität sind Winzersekte aus Bukettrebsorten wie Scheurebe, Muskateller oder Gewürztraminer. Für jeden Geschmack findet sich der passende Winzersekt.

Cava Olé!

In der Nähe von Barcelona befindet sich das Epizentrum des erfolgreichsten Exportschlager Spaniens, des Cavas. Ein Schaumwein, der wie Champagner mit Hilfe der traditionellen Flaschengärung bereitet wird. Dominiert wird der Markt von zwei sehr effizient und professionell arbeitenden Cava-Häusern. Die sehr soliden, aber uniformen Schaumweine dieser Firmen findet man in jedem Supermarkt. Sie täuschen allerdings über die Individualität hinweg, die es durchaus in der Region gibt. Wer danach sucht, sollte die kleineren Betriebe unter die Lupe nehmen, die versuchen, die ganz eigene Charakteristik des Cavas herauszuarbeiten. Was den spanischen Schaumwein von anderen unterscheidet sind sowohl das wärmere Klima, das die Säure nicht so streng ausfallen lässt, wie auch die Rebsorten. Hier arbeitet man kaum mit Chardonnay oder Pinot Noir, sondern mit den heimischen weißen Traubensorten Macabeo, Parellada und Xarel-lo. Die besten Cavas überzeugen mit intensiven Aromen von Limonenschale, Mandarine, weißen Blüten, Jodsalz und Rauch sowie feinen Brioche- und Toastnoten und einem feinen Mousseux.

> **SUCHEN SIE CAVA VON GANZ KLEINEN ERZEUGERN!**

Kühles Klima, Rebsorten und Kalkböden sind die Basis für die außergewöhnlichen Qualitäten der Schaumweine aus der Champagne

Champagner oder das Parfum am Gaumen

Der wohl luxuriöseste Schaumwein ist der Champagner, der aus dem nördlichsten Weinbaugebiet Frankreichs kommt. In dieser kühlen Region reifen die Trauben besonders langsam, was dem Champagner seinen einzigartigen Charakter verleiht. Kein anderer Schaumwein verfügt über derart delikate Hefenoten, die am Gaumen ein unvergleichliches Parfum hinterlassen, und über diese rassige Säure, die ihm zusammen mit den Kohlensäureperlen eine unnachahmliche Frische verleiht. Neben den bekannten Luxusmarken gibt es viele kleine Winzerbetriebe, die individuelle Champagner erzeugen. Günstiger sind diese allerdings nicht, denn dafür ist die Nachfrage nach den aufregenden Pricklern mitsamt dem klangvollen Namen zu groß.

Doch auch beim Champagner gibt es unterschiedliche Qualitätsstufen. Die Basis bilden die Champagner ohne Jahrgang. Hier werden verschiedene Grundweine, oftmals aus verschiedenen Jahrgängen, so gemischt, dass am Ende ein immer gleichschmeckender Schaumwein herauskommt. Jedes Champagner-Haus hat dabei seinen eigenen, unverwechselbaren Stil. Steht »Blanc de Blancs« auf dem Etikett, ist der Schaumwein reinsortig aus Chardonnay. Diese Champagner sind besonders stahlig, geradlinig und zeigen auf eine ganz einzigartige Weise, feinste Hefearomen von Brioche, Nüssen und getrockneten Aprikosen. »Blanc de Noirs« wird aus den roten Rebsorten Pinot Noir und/oder Pinot Meunier bereitet, verfügt über mehr Körper und würzige Aromen. Steht ein Jahrgang auf dem Etikett, stammen die Grundweine nur aus einem Jahr. Nachdem im kontinentalen Klima die Jahrgänge sehr unterschiedlich ausfallen, gibt es diese Champagner nur in den besten Jahren und sie sind dementsprechend teuer.

Zu den exklusivsten und teuersten Gewächsen zählen allerdings die sogenannten Prestige Cuvées, hier werden nur die besten Weine aus den besten Weinbergslagen verwendet und die Champagner reifen viele Jahre lang auf der Hefe zu einer unnachahmlichen Komplexität heran.

KLISCHEE ROSÉ?
VON HELLO KITTY BIS PROVENCE ROSÉ

Das Auge trinkt mit

Die Zahlen belegen, was wir eigentlich schon längst ahnen. Roséwein liegt gewaltig im Trend und zwar weltweit. Mittlerweile macht diese Kategorie zehn Prozent des internationalen Weinhandels aus. Dabei greifen Weinfreundinnen längst nicht mehr zu den lieblichen, grell pinkfarbigen Schädelspaltern mit Schnickschnack-Etiketten. Anstatt Kitschweinen, die man auch zur Hochzeit von Rosamunde Pilcher und dem Bergdoktor empfehlen könnte, stehen heute seriöse Roséweine hoch im Kurs. Es lohnt sich also, sich mit den Facetten der Rosés aus aller Welt zu befassen. In den mediterranen Ländern ist die Methode besonders beliebt, rote Trauben nur kurz zu mazerieren und dann gleich abzupressen, damit zwar etwas Farbe aus den Schalen gelöst wird, aber eben noch kein Gerbstoff. Rund ums Mittelmeer ist es oft zu heiß, um knackige Weißweine zu erzeugen, aber man will trotzdem einen Wein anbieten, der im Sommer gekühlt auf den Tisch kommen kann. Würde man einfach die kräftigen Rotweine auf Eis legen, würde der Gerbstoff bei den niedrigen Temperaturen noch kantiger herausschmecken. Logisch, dass man lieber Rosé keltert.

Frankreich ist der größte Erzeuger der rosafarbenen Gewächse. Vor allem in der Provence, wo ganz hochkarätiger, trocken ausgebauter Rosé aus den Rebsorten Grenache und Cinsaut perfekt zur lokalen Küche passt. Wie etwa zur legendären Fischsuppe Bouillabaisse, die mit verschiedenen Meeresfrüchten, Tomaten, Fenchel, Knoblauch und Safran zubereitet wird, oder dem Salat Niçoise. Kein anderer Wein passt dazu besser als ein trockener Provence Rosé, der kraftvoll komplex mit Aromen von Süßkirschen und mediterranen Kräutern und mit fast salziger Mineralität daherkommt. Preiswerter, eingängiger und gut gefallen die Rosés aus dem benachbarten Languedoc-Roussillon. Hier werden aus unterschiedlichen Rebsorten große Mengen an süffigen Weinen von trocken bis fruchtig erzeugt. Ebenso in der weiter nördlich gelegenen Region Loire im Anbaugebiet Anjou. Auch die deutschen Winzer haben die Liebe zu Pink entdeckt. Eine besondere Kategorie ist dabei der Weißherbst, ein immer etwas hellfarbener Wein, der nur aus einer einzigen Rebsorte bestehen darf. Beliebte Rebsorten dafür sind Spätburgunder und besonders Portugieser. Letzterer fällt als Rotwein ausgebaut zu leicht aus, ist aber mit seiner frischen Säure und intensiven Kirschfrucht wie geschaffen für die Roséerzeugung. Rosé oder Weißherbst gibt es auch in Deutschland von trocken bis lieblich. In Spanien sind die köstlichen, fast neonfarbenen Roséweine mit intensiver Beerenfrucht und moderater Säure aus Navarra geschätzt. In Italien liebt man hellfarbenen, leichten »Rosato« aber auch kräftigeren »Chiaretto« mit deutlich dunklerer Färbung. Von leicht und lieblich bis kräftig und trocken findet jeder den passenden Wein für seinen Geschmack. Wer einmal Lust auf pinkfarbenen Kitsch hat, der sollte einen Zinfandel »Blush« aus Kalifornien bestellen. Mit einer extrem intensiven Frucht, die an Hubba-Bubba-Kaugummi erinnert, und noch mehr Süße ist dieses Getränk, so viel mehr Karikatur als Wein, das es schon wieder kultig ist. Mit Eiswürfeln, Minze und einer Scheibe Zitrone ist »White Blush« aus Zinfandel oder Grenache das ideale Getränk um sich an einem heißen Sommertag auf einer XL-Schwimminsel mit Palme in einem XL-Pool treiben zu lassen.

Wie findet man also jetzt den richtigen Wein für den eigenen Geschmack? Gerade beim Roséwein gilt das Prinzip »das Auge trinkt mit«. Die Farbe

Die Farbe ist beim Rosé Teil des Marketings – je knalliger desto fruchtiger!

zählt eindeutig zum Marketingmix und signalisiert mit großer Sicherheit den Stil, den man zu erwarten hat. Ist der Rosé knallig pink, ist die Wahrscheinlichkeit groß, es mit einem intensiv fruchtigen und lieblichen Wein zu tun zu haben. Geht die Farbe eher ins lachs- oder zwiebelschalenfarbene, wird der Geschmack gesetzter und trockener sein. Einen weiteren, wichtigen Hinweis gibt der Alkoholgehalt. Ein Wein mit weniger als 12 Vol.-% Alkohol ist lieblich. Aufschlussreich ist ebenfalls die Etikettengestaltung. Deutet die ganze Aufmachung darauf hin, dass Hello Kitty höchstpersönlich dieses Weingut gegründet und den Wein nach ihren Vorlieben erzeugt haben könnte, kann man eine gewisse vordergründige Fruchtigkeit erwarten. Was auch immer der persönliche Geschmack ist, erlaubt ist, was gefällt und zwar von Kitsch bis Provence Rosé.

Klischee Rosé?

LIKÖRWEIN
NICHT NUR FÜR SKATSPIELENDE LADYS!

Trinksprüche wie »Ein Likörchen in Ehren …« oder »Likörchen für das Frauenchörchen« schreibt man lustigen Damenrunden zu. Allein beim Wort »Likörwein« denkt man eher an Karten spielende Seniorinnen als an coole Hipster. Dabei sind Sherry und Port genießende Damen ziemlich schlau, denn diese sogenannten verstärkten Weine bieten unendlich viel Genuss, den Sie sich nicht entgehen lassen sollten. Die Idee, einen Wein oder gärenden Most mit reinem Alkohol zu verstärken, kommt aus dem 16. Jahrhundert. Damals wollte man Weine für lange Seereisen haltbar machen. Die meisten Bakterien und Hefen sterben bei einem Alkoholgehalt von über 15 Vol.-% ab. Bei der Vergärung entstehen aber natürlicherweise nur max. 15 Vol.-% Alkohol, weshalb das Zugeben von Weinbrand die sichere Methode der Konservierung ist. Wann die Zugabe von Alkohol erfolgt, ist entscheidend für den Weinstil. Erfolgt diese nach der Vergärung, sind die Likörweine meistens trocken wie Sherry. Wird die Fermentierung durch die Zugabe von Alkohol gestoppt, verbleibt Süße im Wein wie bei Port. Entscheidend für den Geschmack sind aber auch die Rebsorten und vor allem die Reifung. Das kann zum Beispiel in der Flasche oder über Jahre hinweg in Holzfässern, aber auch in Glasballons unter freiem Himmel geschehen. Dabei entstehen ganz feine Oxidationsaromen, die an geröstete Walnüsse, Trüffel und Bitterschokolade erinnern. Solche Weine sind quasi ewig haltbar und auch in der geöffneten Flasche noch sehr lange Genuss.

Sherry – der Edle aus Spanien

Sherry kommt aus Andalusien und wird aus weißen Trauben bereitet. Die Hauptrebsorte ist Palomino, die relativ neutrale Weine hervorbringt. Geschmack bekommt der Sherry ausschließlich durch die verschiedenen Reifemethoden. So wird ein Fino in nicht ganz gefüllte Fässer gelegt, damit sich auf der Oberfläche eine Decke aus Florhefe bilden kann. Dieser besondere Oxidationsschutz sorgt für das typische Aroma von Salzmandeln und Äpfeln sowie die hellgelbe Farbe. Die Hefe ernährt sich von allen Inhaltsstoffen des Weines, weshalb der Geschmack besonders knochentrocken ausfällt. Manzanilla ist im Prinzip ein Fino, der aber näher an der Atlantikküste ausgebaut wird. Durch das Klima fällt die Hefeschicht dicker aus und die Meeresbrise sorgt für eine besonders salzige Note. Fino Sherry wird in Spanien zum Aperitif in Tapasbars genossen. Man steht an der Theke, quatscht und lacht mit seinen Nachbarn, pickt Ibérico-Schinken, Salzmandeln und Oliven und freut sich des Lebens. Wer hierzulande ein Glas Fino bestellen möchte, sollte sich vorher erkundigen, wie lange die Flasche schon geöffnet ist. Fino und Manzanilla sollten nach dem Abfüllen innerhalb von zwei Jahren getrunken werden und eine angebrochene Flasche muss in drei bis vier Tagen geleert sein. In Restaurants findet man zuweilen Sherryflaschen, die geöffnet mehrere Monate im Regal über der Kaffeemaschine stehen. Davon sollte man lieber die Finger lassen. Besonders kräftig ist ein Sherry Oloroso, der über deutlich mehr Alkohol verfügt als ein Fino. Ein Oloroso reift ohne Florhefeschicht und bekommt deutlich mehr Oxidation ab. Seine Aromen sind geprägt von Walnüssen, Trockenfrüchten, Rauch und Karamell. Diesen Sherry trinkt man eher nach dem Essen. Besonders komplex fallen die Amontillados aus. Sie sind quasi ein Zwitter aus Fino und Oloroso, weil sie erst unter einer Florhefe und

dann noch weitere Jahre oxidativ reifen. Komplex und vielschichtig sowie mit kräftigem Alkoholgehalt ausgestattet gibt es keine besseren Begleiter zu kräftigen Suppen. Übrigens ein ganz großer Klassiker in der Kombination von Speisen und Wein: Rinderkraftbrühe und Amontillado. Das ist eine so himmlische und sich ergänzende Kombination, das sollte man sich nicht entgehen lassen.

Portwein – berühmt und edel

Portwein kommt aus dem berühmten Douro-Tal in Portugal. Eine der schönsten Weinlandschaften der Welt. Durch das enge Schiefertal windet sich der Fluss, die Reben klammern sich an die kargen Steilhänge, während die Sonne gnadenlos herunterbrennt. Hier reifen exzellente rote Rebsorten, die zu herrlichem Portwein verarbeitet werden. Portwein entsteht, indem man die roten Trauben zwei bis drei Tage einmaischt und angären lässt, damit Farbe und Tannin aus den Schalen extrahiert wird. Dann wird abgepresst und der gärende Saft mit Weinbrand auf circa 20 Vol.-% Alkohol aufgespritet. So verbleibt in der Regel eine deutliche Restsüße. Entscheidend ist wieder die Reifung. Einfacher Ruby Port wird eher aus einfachen Trauben bereitet und nach einer kurzen Reifezeit verkauft. Er wird von einer vordergründigen Kirschfrucht sowie Süße und einem brennenden Alkohol dominiert.

Late Bottled Vintage ist da die deutlich bessere Variante. Es werden bessere Trauben verwendet und der Portwein reift vor der Abfüllung fünf bis sechs Jahre in Fässern. Alkohol und Gerbstoffgerüst sind eingebunden und die feinen Aromen von Mon-Chéri-Pralinen, Kräutern und gerösteten Nüssen sind ein Traum. Einmal geöffnet kann ein Late Bottled Vintage über mehrere Wochen hinweg genossen werden. Am besten mit einem Stück Bitterschokolade. Die Spitze der Pyramide ist der Vintage Port, der nur in den allerbesten Jahrgängen entsteht. Es werden ausschließlich die besten Trauben aus den besten Weinberglagen verwendet. Nach nur zwei Jahren im Fass wird der Portwein abgefüllt und muss mindestens zehn Jahre in der Flasche reifen, um sein massives Tanningerüst abzustreifen. Vintage Ports sind ein Wunderwerk an Komplexität. Sie schmecken so ehrwürdig und feierlich, dass man sie eigentlich nur an Festtagen trinken sollte. Am besten zu kräftigem Blauschimmelkäse. Übrigens auch das ist ein ganz großer Klassiker in der Kombination von Speisen und Wein: Blauschimmelkäse wie der salzig-scharfe Stilton und Vintage Port. Beide verschmelzen im Mund zu einem Gesamtkunstwerk. Vintage Port muss wie ganz normaler Rotwein behandelt werden. Das heißt, nach dem Öffnen sollte dieser innerhalb von zwei bis drei Tagen genossen werden.

Ganz im Gegenteil zu den lange im Fass gereiften Tawnys, die bis zu vierzig Jahren in verschiedenen Fässern vor sich hin reifen und bei der Abfüllung schon so oxidiert sind, dass ihnen selbst in der geöffneten Flasche nichts mehr passieren kann. Auch dieser Portwein-Stil ist faszinierend. Hier sind im Gegensatz zum Vintage Port nicht mehr die fruchtigen Aromen im Vordergrund, sondern ausschließlich Reifenoten wie Aromen von Walnüssen, Mocca, karamellisierten Orangenschalen, Trockenfrüchten, Vanille und Toffee. Ein Wein, der mit seinem morbiden Charme flirtet, und jedes gute Gespräch ganz würdig untermalt.

Was es sonst noch an Süßen gibt

Neben Sherry und Portwein gibt es noch andere aufgespritete Spezialitäten. Besonders hochkarätig sind die rassigen, feurigen und gereiften Madeiras, die es von relativ trocken bis kräftig süß gibt. Saftig und fruchtig, fallen die roten Vin Doux Naturel wie Banyuls oder Maury aus Südfrankreich aus. Eher blumig und vordergründig fruchtig sind die aufgespriteten Weine aus der weißen Rebsorte Muscat, wie etwa Muscat de Rivesaltes oder Muscat de Beaumes-de-Venise. Ein Geheimtipp sind die Marsalas aus Sizilien. Hier gibt es engagierte Erzeuger, die das Image des billigen Kochweins hinter sich lassen möchten. Die besten sind ein unvergleichlicher Genuss mit Aromen von Feigen, Datteln, Karamell und Walnüssen, aber vor allem mit einem Aroma von gebackenem Eigelb – wie ein Biskuit frisch aus dem Ofen. Kein Wunder, dass der italienische Dessertklassiker Zabaione aus Eigelb, Zucker und einem ordentlich Schuss Marsala besteht. Auch das ist ganz zweifellos eine himmlische Köstlichkeit.

Was soll man da noch sagen? Nur so viel – Trinken Sie Likörweine nicht erst, wenn der Rollator vor der Tür steht. Es lohnt sich, früher damit anzufangen.

Vor allem die Art und Dauer der Reifung bestimmt den Geschmack von Likörweinen

KAPITEL 4

WELCHER WEIN ZU WELCHEM ANLASS

ANLÄSSE GIBT ES VIELE!
WELCHER WEIN PASST WOZU?

Wer die wichtigsten Grundregeln in der Kombination Speise und Wein beachtet, kann mühelos die richtige Wahl treffen und eine genüssliche Bereicherung erfahren. Dabei sollten Sie als Erstes die Binsenweisheit: »Weißer Wein zu weißem Fleisch und roter Wein zu rotem Fleisch« vergessen. Dafür kochen und essen wir heute einfach zu mannigfaltig. Vielmehr gilt die Faustregel: Je kräftiger ein Gericht, umso wärmer das Klima, aus dem der Wein kommen soll. So passt ein leichtes Jakobsmuschel-Carpaccio zu einem duftig-leichten Riesling aus kühlem, deutschen Klima, während geschmorte Ochsenbacken nach einem kräftigen Rotwein aus südlichen Gefilden verlangen.

Wer tiefer in die Materie einsteigen möchte, sollte sich weitere Grundregeln einprägen, die sich an den Inhaltsstoffen in Wein und Speise orientieren. Für die richtige Wahl ist die Säure im Wein besonders wichtig. Diese addiert sich mit der Säure in der Speise und kann dann unangenehm rassig werden. Bestes Beispiel ist grüner Salat mit essigsaurem Dressing. Hier sollte ein milder Wein gewählt werden, wie etwa Silvaner oder ein leichter, italienischer Weißwein. Ebenso betont Säure im Wein Bitterstoffe und Schärfe. Nur wer es richtig scharf will, kann zu einem Chili-Gericht einen knochentrockenen Riesling trinken, alle anderen sollten einen Wein mit moderater Säure wählen. Besonders rassige Weißweine wirken milder bei einem salzigen Gericht. Ein salziger Schinken oder gedämpfte Miesmuscheln zu einem knackigen Weißwein schmecken fantastisch. Rassige Weine passen auch besonders gut zu fettreichen Speisen, wie etwa ein knackiger Riesling zu deftigen Würsten.

Je kräftiger ein Gericht, umso wärmer das Klima, aus dem der Wein kommen soll

Ein Hoch sollte jeder auf die feinherben Weine singen, denn die dezente Süße wirkt Wunder in der Speisenbegleitung. Etwas Süße gleicht Schärfe, Säure und Würze aus, schmiegt sich auch an fettreiche Gerichte an und lässt eine Kombination harmonischer erscheinen.

Zudem gibt es Zutaten, die immer etwas süß wirken. Zum Beispiel das Fleisch von Krustentieren wie Scampi oder Hummer, das dann auch einen Wein mit kaum merklicher Süße gut vertragen kann. Ein ganz extremes Beispiel ist die Gänseleber, die aufgrund ihres hohen Fettgehaltes süß schmeckt und fantastisch mit einem Süßwein harmoniert. Will man den richtigen Begleiter zu einem Dessert finden, sollte der Wein unbedingt süßer sein, denn Süße in der Speise hebt die Süße im Wein auf. Ist der Wein dann nicht süß genug, würde er dumpf schmecken. Alkohol im Dessert betont die Schärfe im Wein. Hat man allerdings ein sehr gehaltvolles Gericht vor sich, braucht man einen alkoholreichen Wein, um diesem die Stirn zu bieten. Gerbstoff wiederum denaturiert das Eiweiß im Speichel und sorgt für das bekannte, pelzige Mundgefühl. Rotweine verfügen über Gerbstoffe, ebenso wie viele fassgereifte Weine. So kann ein Weißwein, der im neuen Holzfass ausgebaut wurde, über ein beträchtliches Tanningerüst verfügen. Wer also einen gerbstoffreichen Wein trinken möchte, sollte bitte kein rohes Fleisch oder Fisch dazu essen. Kräftige Röststoffe wie sie zum Beispiel beim Braten oder Grillen entstehen, mildern den Tannineindruck am Gaumen. Ein Rotwein, der im Geschmack von Gerbstoffen dominiert war, bekommt in der Kombination mit einem gegrillten Steak seine Fruchtaromen zurück. Ebenso kann ein gereifter und salziger Hartkäse einem kräftigen Rotwein die Gerbstoffkanten nehmen. Wer es besonders harmonisch möchte, sollte zudem auf Textur und Aromen achten. Fällt ein Gericht cremig aus, wie etwa ein Risotto oder eine Speise mit üppiger Sahnesauce, sollte der Wein diese Textur aufnehmen. Ein cremiger Chardonnay oder ein milder oder lange auf der Hefe gereifter Weißburgunder sind eine gute Wahl. Die Aromen des Gerichtes, sollten sich auch im Wein wiederfinden. Spätburgunder, der durch Flaschenreife ein komplexes Bukett bekommen hat, passt so am besten zu den komplexen Aromen eines Schmorgerichtes.

Den richtigen Wein zu einem Essen zu finden, ist nicht schwierig. Es lohnt sich, zu experimentieren und auszuprobieren. Außerdem gilt wie immer: Erlaubt ist, was gefällt! Wenn Sie gerade Lust auf einen üppigen Rotwein haben und gerne dazu Sushi essen möchten, können Sie an der California Roll auch einmal vorbeitrinken.

Ethnic Cuisine und Wein

Die Angaben auf den Rückenetiketten der Weinflaschen sind oft amüsant zu lesen, vor allem die abgedruckten Speiseempfehlungen. Der Klassiker ist die Empfehlung »zur asiatischen Küche«. Das ist das Gleiche, als würde man einen Wein »zur europäischen Küche« empfehlen. Dieser Wein müsste dann zu Köttbullar, Leipziger Allerlei und Pizza passen. Das ist natürlich Unfug. Ebenso wie in Europa die Küchen verschieden sind, wird auch in Asien sehr vielfältig gekocht. Hier will ich einen kleinen Ausflug durch Fernost unternehmen und zum Ausprobieren animieren.

Japanische Küche

Die japanische Küche ist hierzulande in Sushi-Läden vertreten und sehr beliebt. Dabei hat die Küche so unendlich mehr zu bieten. Müsste man japanische Küche mit nur einem Wort beschreiben, wäre dies »pur«. Hier wird weniger mit verschiedenen Gewürzen gearbeitet, als der Eigengeschmack der Produkte in Perfektion herausgearbeitet. Verwendet werden viele herzhafte Zutaten wie Pilze und Algen, aber auch Sojaprodukte wie Sojasauce und Miso, die Weine erdiger, würziger und bitterer erscheinen lassen. Der Wein zum Sushi, das mit Wasabi, Sojasauce und Ingwer kombiniert wird, sollte leicht, frisch und fruchtig sein. Das kann ein angenehm trockener Riesling aus dem Rheingau, ein Silvaner aus Franken oder ein Weißburgunder von der Nahe sein. Ebenso kann Schaumwein wie Champagner oder Franciacorta dazu serviert werden. In Japan schätzt man zum Sashimi Chablis aus dem Burgund oder Muscadet von der Loire, der mit seiner jodsalzigen Mineralität die Frische der Salzwasserfische betont. Die fettreichen, frittierten Tempura-Gerichte sollten mit kräftigeren Weißweinen mit cremiger Textur kombiniert werden. Hier empfiehlt sich badischer Grauburgunder, Chardonnay aus dem Burgund wie Pouilly-Fuissé oder Chardonnay aus Südafrika oder Australien. Ebenso passen nicht zu tanninschwere, fruchtige Rotweine wie Valpolicella aus Italien, Cabernet Franc von der Loire oder ein Zweigelt aus Österreich dazu. Gegrillte Gerichte können mit kräftigem Rotwein wie Bordeaux, Brunello di Montalcino oder einem Syrah von der Rhône kombiniert werden.

Thailändische Küche

Welche Küchenstile in Deutschland beliebt sind, hängt auch immer mit den Urlaubszielen zusammen. So wurde die kräftig mit Chili gewürzte thailändische Küche hierzulande beliebt. Besonders die intensiven Currys mit ihren Aromen von frischen Kräutern, Ingwer, Zitronengras und Knoblauch. Oftmals werden die Gerichte im Wok mit viel Gemüse kurz, heiß und kräftig gebraten und mit duftigem Jasminreis serviert. Hier braucht man einen aromatischen, nicht ganz trockenen oder sehr kräftigen Weißwein, der mit den intensiven Aromen und der Schärfe der Speisen spielt. Ein dezent fruchtiger Muscat aus dem Elsass, eine feinherbe Scheurebe oder ein Riesling aus Deutschland wären eine gute Wahl. Aber auch ein trockener, dafür voluminöser Rotgipfler aus der österreichischen Thermenregion oder ein kräftig-sahniger Viognier aus Australien oder Israel schmecken dazu. Zu Gerichten, in denen Geflügel, Rindfleisch oder Schweinefleisch verarbeitet wurden, kann auch fruchtiger, nicht zu gerbstoffreicher Rotwein serviert werden. Beaujolais aus Frankreich, Barbera aus Italien, Zweigelt aus Österreich, Vernatsch aus Südtirol oder Spätburgunder aus Deutschland wären eine gute Wahl. Ebenso passt zur thailändischen Küche entweder würziger Provence Rosé oder harmonisch trockener Rosé aus Spanien wie aus Navarra.

Indische Küche

Für Vegetarier ist die indische Küche eine Fundgrube an raffinierten Rezeptideen, aber auch Allesesser kommen auf ihre Kosten. Die indische Küche lebt von ihrem großzügigen und gekonnten Einsatz von Gewürzen. Ebenso ist die Schärfe legendär, die original indische Rezepte haben können. Die Schärfe sollte nicht noch mit zu viel Säure und Gerbstoff im Wein betont werden. So kann ein mit Tandoori Marsala gewürztes und gebratenes Hühnchen mit fruchtigem und wenig gerbstoffbetontem Rotwein kombiniert werden. Das kann ein Dornfelder aus Deutschland, ein Pinot Noir aus Neuseeland, ein Nero d'Avola aus Sizilien, aber auch ein junger Rioja Joven sein. Shrimps oder Gemüse, die kräftig mit Curry, Chili und Kokosmilch zubereitet wurden, schmecken mit aromatischen, nicht zu trockenen Weißweinen wie etwa Riesling, Gewürztraminer oder Muscat. Aber auch zu cremigen, vollmundigen Weißweinen wie Viognier aus Frankreich oder Israel und Pinot Gris aus dem Elsass.

Chinesische Küche

So groß und vielfältig China ist, so vielfältig ist auch die Küche. Die Kombination von Speise und Wein ist bei original chinesischer Küche nicht immer einfach. Schließlich kommen selbst bei einer Mahlzeit viele verschiedene Gerichte gleichzeitig auf eine drehbare Platte und man pickt mit seinen Chopsticks beliebig nach den verschiedenen Speisen.

Rund um Hong Kong ist die kantonesische Küche dominant. Hier ist die Heimat der liebevoll zubereiteten Dim Sum, kleinen Teigtaschen, die mit viel Gemüse, Krustentieren, Fisch oder Schweinefleisch gefüllt in Bastbehältern gedämpft werden. Die kantonesische Küche ist eher leichter. Hier können trockene, frische Weißweine mit feinen vegetalen Aromen serviert werden. Das könnte ein Sauvignon Blanc von der Loire, aus der Steiermark oder aus Neuseeland sein, ein trockener Silvaner aus Franken, ein Welschriesling oder Zierfandler aus Österreich, aber auch ein Verdejo oder Albariño aus Spanien.

Süß-sauer sind die Speisen rund um Shanghai. Auch hier werden Meeresfrüchte, Geflügel und viel Gemüse verwendet. Allerdings ist die Küche etwas fettreicher und gewürzt wird mit Zucker und Reisessig. Klassisch wäre ein nicht ganz trockener Riesling aus Deutschland wie ein Mosel Kabinett oder ein Chenin Blanc von der Loire wie ein Vouvray. Aber man kann auch feinen Schaumwein dazu versuchen. Vor allem Franciacorta oder Trento DOC aus Italien verfügen über einen kräftigeren Körper, der mühelos diese Speisen trägt. Am besten wählt man beim Schaumwein die harmonisch trockene Geschmacksrichtung »brut« dazu aus. Die Frische in den Schaumweinen spielt mit dem Essig und der elegante Stil mit den feinen Aromen der Zutaten.

Rund um Peking wird opulent und mit viel Fleisch und Fett gekocht, ganz so wie es sich für eine kaiserliche Küche gehört. Anstatt duftigem Reis, verwendet man hier eher Beilagen aus Weizen wie Nudeln oder kleine Pfannkuchen. So wird die berühmte Pekingente mit Frühlingszwiebeln und kräftig fruchtiger Hoisin-Sauce in dünne Weizenfladen gewickelt gegessen. Der beste Wein zur Pekingente ist ein saftiger Spätburgunder aus Deutschland, aber auch ein Barbera oder Valpolicella aus Italien. Zu den fettreichen Fleischgerichten, die oft mit dunkler Bohnenpaste und Sojasauce daherkommen, können auch kräftige, tiefgründige Rotweine wie Shiraz aus Australien, Cabernet Sauvignon oder Zinfandel aus Kalifornien, Aglianico oder Negroamaro aus Süditalien oder Malbec aus Argentinien serviert werden.

Ein gemütlicher Abend (allein) vor dem Fernseher

Was gibt es Schöneres, als wenn man einmal richtig Zeit hat zum Seele baumeln lassen? Entspannt ein gutes Buch lesen, einen packenden Film ansehen oder den Stapel Lieblingszeitungen durchschmökern, der da schon ewig liegt und auf die Aufmerksamkeit wartet. Es sind diese kleinen Zeitinseln im oft stressigen Alltag, die den Staub von der Seele spülen. Die Weinfreundin wird dabei auch ab und zu ein Glas Wein genießen. Am besten aus einem dicken, nicht zu hohen, altmodisch geschliffenen Glas mit festem Stand. Ein Glas, das sich gut anfühlt und unfallfrei vom Sofa aus mit lang gestrecktem Arm oben am Kelch vom Beistelltisch genommen und zum Mund geführt werden kann. Kein Schwenken, kein langes Herumschnüffeln, sondern fühlen, genießen und entspannen. Der Wein dazu sollte dem Gaumen maximal schmeicheln und vielmehr von seiner Textur leben als von intensiven Aromen, weswegen ich zum Buch Rotwein mit samtigem Gerbstoff empfehle. Weißwein würde auch zu lange stehen, warm werden und dann nicht mehr richtig schmecken. Am besten wählt man einen Rotwein aus warmem Klima, der über eine reife Fruchtaromatik, moderate Säure und weiches Gerbstoffgerüst verfügt. Mir würde sofort ein Tempranillo aus Spanien einfallen wie zum Beispiel ein Ribera del Duero, der immer etwas saftiger ausfällt als ein Rioja. Rotwein aus Südfrankreich wie ein Côte du Rhône oder aus Süditalien wie ein reifer Aglianico, Negroamaro oder Nero d'Avola sind ebenfalls eine gute Wahl. Ein Zinfandel aus Kalifornien verzaubert in der Vorweihnachtszeit mit seinen Aromen von süßen Gewürzen oder ein Malbec aus Argentinien kleidet den Mund zunächst kraftvoll mit Gerbstoff aus, um sich danach in Wohlgefallen aufzulösen. Am besten probieren Sie selbst.

Ein romantisches Candle-Light-Dinner mit dem Liebsten

Selbst als total emanzipierte Frau muss ich feststellen, dass es Dinge gibt, die selbst Alice Schwarzer nicht ändern kann. Da hilft keine Vernunft, kein noch so logisches Argumentieren. Gefühle sind stärker und ob man will oder nicht: Liebe geht durch den Magen. Ich empfinde es als bereichernde Lebenstüchtigkeit, zumindest ein paar Gerichte ordentlich zubereiten und andere damit verwöhnen zu können, denn gibt es eine größere Liebeserklärung als ein selbst gekochtes Abendessen, inklusive schön gedecktem Tisch, Kerzenlicht, Blumen und passendem Wein? Beim Menü verwendet man eher edle Zutaten, die fein zubereitet werden, um den Liebsten zu beeindrucken. Zwar mögen die meisten Männer Pommes frites und Gyros, doch wenn man seinem Date die Tür aufmacht und der erste wahrnehmbare Geruch ist Knoblauch und nicht das neu gekaufte Parfum, fördert das nicht unbedingt die Romantik. Beginnen sollte der Abend mit einem Glas edlen Schaumwein, gut gekühlt in schönen Gläsern, die beim Anstoßen gut klingen. Dazu können kleine, unkomplizierte Häppchen gereicht werden wie Salzmandeln oder Grissini ummantelt mit rohem Schinken. Bitte dazu keine Oliven servieren, die in Verbindung mit Sekt oder Champagner metallisch schmecken können.

Zur Vorspeise sind Meeresgerichte wie Austern, Scampi oder Miesmuscheln eine gute Idee, aber auch ein leichtes Carpaccio vom Rinderfilet oder Thunfisch mit einer raffinierten Vinaigrette. Es kann auch ein kleiner Salat von Avocado oder von Tomaten mit Feigen sein. Der Kreativität sind keine Grenzen gesetzt. Der passende Wein dazu sollte nicht zu schwer sein. Schließlich soll der Alkohol mein Date nicht einschläfern. Ein nicht zu rassiger Riesling von der Nahe oder Rheinhessen, ein mit-

FÜHLEN, GENIESSEN, ENTSPANNEN!

telkräftiger Grüner Veltliner aus dem Kamptal oder Kremstal sowie ein Weiß- oder Grauburgunder aus Deutschland oder Südtirol wären dazu eine sichere Wahl. Diese Weine verbinden Anspruch mit eingängiger Trinkfreude und passen sich unkompliziert jedem Gericht an.

Der Hauptgang sollte als Basis etwas Kurzgebratenes haben, schließlich will man nicht ewig in der Küche stehen. Außerdem können schwere Gerichte wie geschmorte Ochsenbacken für das sogenannte Food Coma sorgen. Lieber gebratene Entenbrust, Rindersteaks, Lammkoteletts oder feine Kalbsschnitzel verwenden. Dazu kann eine raffinierte Gemüsebeilage, mit sinnlichen Gewürzen wie Curry, Raz el-Hanout oder Tandoori Masala abgeschmeckt, gereicht werden. Zu Lammkoteletts passt zum Beispiel ein orientalisch gewürzter Couscous, der mit Minze und frischen Granatapfelkernen verfeinert wird. Ein würziger Rotwein aus Südfrankreich wie etwa ein Gigondas oder ein Minervois aus dem Languedoc schmecken himmlisch dazu, ebenso ein saftiger, vollmundiger und mit raffiniert minzigem Finish ausfallender Rotwein aus der Rebsorte Touriga Nacional aus Portugal oder ein geschliffener Brunello di Montalcino aus der Toskana, ebenso wie ein würziger Cabernet Sauvignon oder Shiraz aus Südafrika. Gebratene Entenbrust ist wie gemacht für deutschen Spätburgunder. Entweder einen fruchtbetonten, saftigen Pinot Noir aus der Pfalz, einen eleganten aus Franken oder einen feurigwürzigen vom Kaiserstuhl aus Baden. Wer sich für kurz gebratenes Rindfleisch wie Entrecote oder gar ein Chateaubriand für zwei entscheidet, kann dazu klassisch einen Bordeaux öffnen. Wer glaubt, diese Weine könnte sich nur die Frau leisten, die vorher den von ihren Eltern in ihrer Kindheit angelegten Bausparer auflöst, irrt ganz gewaltig. Am besten nach einem Cru Bourgeois Ausschau halten, sich im Internet informieren, welche Qualitäten die Jahrgänge vor fünf bis acht Jahren hatten, und dann den Wein natürlich aus dem besten Jahr kaufen. Für wen Bordeaux zu viel strukturierte Gerbstoffe hat, der kann eine Bordeaux-Cuvée bestehend aus Cabernet Sauvignon und Merlot aus einem warmen Klima zum Steak servieren. Gute Beispiele gibt es aus Kalifornien, Hawke's Bay in Neuseeland oder auch aus der Toskana.

Das Dessert sollte erfrischend sein und nicht beschweren. Ideal wäre ein Fruchtsorbet, dass mit dem restlichen Schaumwein aufgegossen werden kann, den man zum Aperitif genossen hat. Wer keine Eismaschine zu Hause hat (wie die meisten), kann anstatt eines Sorbets auch ein Granité zubereiten. Hier wird die Sorbetmasse einfach auf ein Blech gegeben, in den Tiefkühler gestellt und regelmäßig umgerührt. So entstehen gröbere Kristalle, die aber genauso gut schmecken. Zum Rotwein vom Hauptgang passt übrigens auch noch ein Stück Zartbitterschokolade. Vielleicht wählen Sie eine Schokolade, die mit Chili verfeinert den Gaumen feurig kitzelt? Hier im Buch finden Sie ein eigenes Kapitel dazu (siehe Seite 141 »Wein und Schokolade«).

Ein Festessen für Familie und Freunde

Ob zu Weihnachten, zum Geburtstag oder zu einem anderen persönlichen Ereignis, wenn es etwas zu feiern gibt, dann wird aufgekocht. Die Hobbyköchin hat bei einem Festessen viele Gäste um den Tisch versammelt, die sie mit drei bis vier Gängen verwöhnen will. Bei der Zusammenstellung der Gänge und Weine hilft es, sich an der klassischen französischen Menüfolge zu orientieren. Die Speisenfolge sollte so zusammengestellt sein, dass sich weder Produkte, Zubereitungsart noch Farbe wiederholen. Es gilt kalte vor warmen Gerichten, Fisch vor Fleisch und Käse vor süßem Dessert zu servieren, so kann sehr sinnvoll die Weinfolge abgestimmt werden.

Zu den kalten und warmen Vorspeisen wird natürlich Weißwein serviert. Sind es verschiedene, sollten die leichten und frischen vor den kräftigen, im Holzfass ausgebauten Weinen eingeschenkt werden. Bei Barriquearomen im Weißwein empfiehlt es sich, Gerichte mit Röstaromen zu servieren, die beim Braten oder Grillen entstehen. Diese würzigen Noten tragen die Holzaromen im Wein und es ergibt einen harmonischen Gesamteindruck. Bei einem Festessen lohnt es sich, zum Hauptgang ein Schmorgericht zuzubereiten. Da macht es selten etwas aus, wenn das Bratenstück länger im Ofen verbleibt, weil man sich mit den Gästen unterhalten hat. Herrlich ist zum Beispiel das Rezept für Boeuf bourguignon von der ersten amerikanischen Fernsehköchin Julia Child. Hier sollte man einen vollmundigen Spätburgunder aus Baden oder einen Pinot Noir Premier Cru aus dem Burgund servieren. Geflügel im Ganzen geschmort ist auch immer eine gute Idee. Zu Gans oder Ente passen kräftige Rotweine mit etwas Säure, die der fettreichen Kost etwas entgegensetzen können. Hier wäre ein Brunello di Montalcino aus Italien eine gute Wahl, aber auch ein Rioja Reserva aus Spanien oder ein kräftiger Blaufränkisch aus dem Burgenland. Wer ein gut abgehängtes Rindfleischstück kurz und heiß brät, sollte einen kräftigen Rotwein mit ordentlich Gerbstoffen servieren, die es mit den intensiven Röststoffen des Gerichtes aufnehmen können. Ein erstklassiger Bordeaux wäre eine gute Wahl, ebenso wie ein kräftiger Malbec aus Argentinien oder ein Syrah von der nördlichen Rhône. Gerade wenn man länger zusammensitzt, kann man nach dem Hauptgang verschiedenen Käse servieren. Rohmilchkäse von Ziegenfrischkäse bis würziger Blauschimmelkäse sind der perfekte Übergang zum Dessert. Hier im Buch finden Sie ein eigenes Kapitel dazu (siehe Seite 142 »Wein und Käse«).

Süßwein gehört dann zum Abschluss eines Menüs. Dabei sollte der Wein immer etwas mehr Süße haben als das Dessert, denn sonst schmeckt der beste Süßwein stumpf. Es gibt so fantastische Süßweine, dass es mir schwerfällt, mich hier in den Empfehlungen einzuschränken. Probieren Sie einmal einen feurigen Tokaji 5 Puttonyos, einen konzentrierten Coteaux du Layon aus der Rebsorte Chenin Blanc, einen holzfassgereiften und vanilleduftigen Sauternes oder eine Beerenauslese aus Riesling mit dem sagenumwobenen Spiel zwischen Süße und Säure. Vin Santo ist natürlich auch eine gute Idee. Der Süßwein aus getrockneten Trauben wird in seiner Heimat Italien als Dessert mit Mandelgebäck serviert. Für den harten Kern der Gäste, die lange sitzen bleiben, sollten Sie nach dem Menü wieder etwas Leichteres und Erfrischendes servieren. Ideal wäre ein Schaumwein wie Champagner oder ein Franciacorta aus Italien. Besonders genial als Abschluss ist ein »lecker Möselchen«, ein drei bis vier Jahre gereifter fruchtiger Riesling Kabinett von der Mosel, denn es gibt keinen anderen Wein auf der Welt, der bei gerade einmal 7,5 Vol.-% Alkohol diese Geschmacksfülle bietet. Mit seiner beschwingten Art wischt er alle vorhergehenden Geschmackseindrücke weg, belebt mit seiner frischen Säure Gaumen und Geist und nach einer gewissen Zeit könnte man das Menü noch einmal von vorne beginnen.

Eine Einladung für Freunde – die Geburtstagsparty im Winter

Die Sommer-Geburtstagskinder haben es gut. Sie brauchen nur den Grill rauszustellen und für Holzkohle, Würstchen und guten Wein zu sorgen. Jeder Gast bringt einen Salat oder Grillsaucen mit und es kann losgehen. Die Winterkinder hingegen müssen sich mehr Gedanken darüber machen, was sie zu Hause auf den Tisch stellen, wenn sich Familie und Freunde zum Geburtstag ankündigen. Schließlich will man während der Feier nicht in der Küche stehen und es soll natürlich auch jedem schmecken. Gut vorbereiten lassen sich verschiedene Tapas und Antipasti. Eingelegtes Gemüse, mit Schinken umwickelte Grissini, Käsewürfel, frittierte Calamari, verschiedene Dips, kleine Salate, Quiche und Brot können auf den Tischen verteilt werden und laden immer wieder zum Essen ein. Die oft ölreichen und salzigen Kleinigkeiten lassen sich am besten mit trockenem, frischem Weißwein kombinieren. Aus Spanien wäre ein kräutrig-duftiger Verdejo oder ein aromatischer Albariño zu empfehlen, grasig-frischer Sauvignon Blanc aus der Steiermark, Vinho Verde aus Portugal oder ein duftiger Roero Arneis sowie ein blumiger Greco di Tufo aus Italien passen dazu. Nicht zu schwere Rotweine beschwingen die Runde. Ein Mencia aus dem spanischen Bierzo überzeugt mit seiner minzigen Frische, ein saftiger Valpolicella schmeckt leicht gekühlt zu Antipasti ebenso wie ein rustikaler Montepulicano d'Abruzzo.

Geburtstagsgäste können auch mit einem deutschen Buffet verwöhnt werden. Herzhafte Frikadellen, Leberwurst, Käse- und Wurstplatten können vorbereitet und mit Brot und Brezen serviert werden. Zu den herzhaften und fettreichen Speisen passen am besten trockene Rieslinge aus Rheinhessen oder Pfalz, ein erstklassiger Silvaner aus Franken und ebenso geht ein mittelkräftiger Spätburgunder oder ein saftiger Dornfelder dazu. Wer Lust auf Retro hat, kann sich mit Gemüsesticks, Käseigel, russischen Eiern und Zebrabroten in die 1980er-Jahre zurückversetzen. Dazu müssen

stilecht Klassiker wie Beaujolais, Muscadet und Soave serviert werden. Gut vorbereiten kann man Gerichte wie Chili con oder sin carne, Gulaschsuppe oder Spaghetti bolognese. Zu den mit viel Tomatenmark abgeschmeckten, herzhaften und manchmal auch scharfen Gerichten kann man am besten fruchtbetonte Rotweine servieren. Ideal wären ein saftiger Barbera aus dem Piemont, ein Valpolicella aus dem Veneto, ein molliger Nero d'Avola aus Sizilien oder ein fruchtbetonter Dornfelder oder Zweigelt. Wer es kräftiger mag, kann einen Malbec aus Argentinien, einen Cabernet Sauvignon aus Chile oder einen pfeffrigen Shiraz aus Australien auf den Tisch stellen.

Die Weine zum Hochzeitsmenü müssen Onkel Winfried, dem Weinkenner, schmecken, dürfen aber die liebe Oma Erna nicht überfordern

Wenn die Tanten mit den Torten kommen

Meine Großmutter hatte acht schrecklich liebenswürdige Schwestern. Wenn irgendwo ein Familienfest stattfand, sind die geschwätzigen Damen angerückt, allesamt bewaffnet mit Tupperboxen voller Kuchen, Torten, Schmalzgebäck und Sahneschnittchen. Natürlich in perfekter Ausführung, denn wer blamiert sich schon gerne vor der Verwandtschaft? Alles kam mit rauen Mengen Kaffee auf eine große Tafel und man genoss ein ausgiebiges Kaffeekränzchen, bei dem einmal wieder alle Ereignisse der letzten Monate durchgehechelt wurden. Irgendeine Tante hat sich immer ein bisschen über eine andere geärgert. Die nächste war ein wenig neidisch auf eine ihrer Schwestern, was diese sichtlich genoss. Eine Tante lästerte beim Abräumen in der Küche über eine andere und alle waren glücklich. Ein Fest im echten Leben und mit echten Menschen. Diese Treffen dauerten natürlich länger, als man Kaffee trinken kann. Irgendwann musste man dann etwas anderes trinken. Am besten einen Wein, der zum nachmittäglichen Vergnügen passt. Begeistert waren die Damen immer von einem Gläschen Sekt »für den Kreislauf«. Beispielsweise einem fruchtigen Sekt aus Riesling oder Aromarebsorten wie Muskateller oder Scheurebe. Genauso eignete sich ein leichter Prosecco frizzante oder Cava. Ein »lecker Möselchen« konnte natürlich auch keine ausschlagen, wie etwa einen fruchtigen Riesling Kabinett aus der Region Mosel, der mit gerade einmal 7,5 Vol.-% Alkohol so viel Geschmackserlebnis bietet wie kein anderer Wein weltweit. Eine fruchtige Scheurebe, Muskateller oder Gewürztraminer aus Deutschland sind ebenso beliebt gewesen und in der kühleren Jahreszeit freute sich jede über ein Glas Likörwein, wie etwa Portwein oder Madeira.

So ein herrliches Kaffeekränzchen kann übrigens nicht nur mit den Tanten veranstaltet werden, sondern auch mit Freundinnen und Nachbarinnen und man sollte auch die eine oder andere ältere Dame in seinem Umfeld nicht vergessen. Schließlich tut es jeder von uns gut, wenn sie einen Nachmittag lang in einer witzigen Frauenrunde lachen, schwatzen, essen und sich des Lebens freuen kann.

Meine Hochzeitsfeier – der richtige Wein zum Festbankett

Wer einmal eine Hochzeit geplant hat, weiß, wie viel Organisation dahintersteckt. Es prasseln unzählige Aufgaben auf einen herein und Entscheidungen müssen am laufenden Band getroffen werden. Dabei hat man ständig das Gefühl, etwas ganz Wichtiges vergessen oder nicht berücksichtigt zu haben. Besonders bei der Weinauswahl fühlen sich viele unsicher. Die Weine sollen Onkel Winfried dem Weinkenner schmecken, aber die liebe Oma Erna nicht überfordern. Schließlich soll am

schönsten Tag des Lebens jeder freudig sein Glas zum Toast auf das Brautpaar heben können. Hier ein paar Tipps wie die Weinauswahl mühelos gelingt – mit jedem Budget.

Beim Empfang nach der Trauung startet das Brautpaar so richtig ins Eheleben. Der gebührende Klang dazu sind knallende Sektkorken. Unzählig viele Schaumweine stehen zur Wahl. Wer auf Prestige und Image Wert legt, wird sich für exklusiven Champagner entscheiden. Dabei muss man wissen, dass die bekanntesten Marken-Champagner nicht unbedingt die besten sind. Hier sollten Sie vorher verkosten und vergleichen. Wem einfach nur Qualität wichtig ist, der findet mühelos einen erstklassigen Winzersekt, Cava, Prosecco oder Franciacorta. Viel frischer schmecken die Schaumweine übrigens aus einer Magnumflasche mit 1,5 Liter anstatt 0,75 Liter Inhalt. Die großen bauchigen Flaschen machen beim Empfang auch mehr her. Den Service sollte man bitten ausreichend große Kühler für die großen Flaschen bereitzustellen, damit diese bis zum Hals im Eiswasser stehen können und bis obenhin gekühlt werden. Ebenso sollten die Flaschen vor den Gästen geöffnet und die Gläser frisch eingeschenkt werden und bloß nicht gefüllt bereitgehalten werden. Nichts ist schlimmer als ein lauwarmer und schaler Schaumwein. Am besten wählt man die Geschmacksrichtung »brut«, da diese über ein besonders ausgewogenes Süße- zu Säureverhältnis verfügt und einem breiten Publikum zugänglich ist.

Wer im größeren Rahmen mit Liveband oder DJ feiert, wird selten ein ausgedehntes Menü servieren lassen. Schließlich will man nicht ewig zu Tisch sitzen, sondern lieber das Tanzbein schwingen. Meistens kommen drei bis vier Gänge auf den Tisch oder es wird ein Buffet aufgebaut. Bei der Weinauswahl können Sie sich hier mühelos auf einen Weißwein und einen Rotwein beschränken.

> **BEIM CHAMPAGNER SIND DIE BEKANNTESTEN MARKEN NICHT UNBEDINGT DIE BESTEN!**

Der Weißwein sollte angenehm trocken, über einen mittleren Körper verfügen und von einer Rebsorte sein, die eher moderat in Aromaintensität und Säuregehalt ausfällt, denn nicht jeder mag beispielsweise die fordernden Aromen eines Sauvignon Blanc oder die rassige Frische eines Rieslings. Der Weißwein sollte zudem nicht in neuen Holzfässern ausgebaut worden sein. Schließlich ist der typische Barriquegeschmack auch nicht jedermanns Sache. Ideal für das große Fest sind Weißweine aus den Rebsorten Weißburgunder, Grauburgunder oder Chardonnay zum Beispiel aus Deutschland oder Italien. Ebenso gehen dezent fruchtiger Albariño aus Spanien oder Grüner Veltliner aus Österreich. Solche Weine passen sich den meisten Vorspeisen und Zwischengerichten mühelos an, ebenso den vielen verschiedenen Speisen, die bei Buffets bereitgehalten werden. Wer auf sein Budget achten muss, der kann beim Weißwein ein etwas günstigeres Gewächs wählen. Beim Rotwein hingegen tut ein größeres Budget gut, um einen ausgewogenen Tropfen servieren zu können. Damit Rotwein ein breites Publikum überzeugt, sollte er eine tiefdunkle Farbe haben, über eine vollmundige und samtige Gerbstoffstruktur verfügen und eine saftige Fruchtigkeit zeigen. Ideal sind Weine aus Spanien aus der Rebsorte Tempranillo, die stets mundfüllend, aber nie kantig daherkommen. Ein Rioja Crianza zum Beispiel wäre eine sehr gute Wahl. Ein saftiger Barbera aus dem Piemont wäre ebenso passend wie eine klassische Bordeaux-Cuvée bestehend aus Cabernet Sauvignon und Merlot aus wärmeren Regionen. Diese Cuvée gibt es nicht nur in Bordeaux, sondern auch rund um die Welt.

Überzeugende alkoholfreie Alternativen sollten für die Gäste bereitstehen, die fahren müssen, schwanger sind oder aus sonstigen Gründen keinen Alkohol trinken. Alkoholfreie Weine sind dabei selten eine gute Wahl.

Diese schmecken oft fürchterlich süß und unausgewogen. Besser beraten ist man mit einer Auswahl guter Fruchtsäfte und Fruchtseccos. Zum Empfang kann ein perlender Quittensecco herrlich erfrischend schmecken, ist nicht zu süß und verfügt über eine hellgelbe Farbe. Es gibt sortenreine Apfelsäfte oder andere raffinierte Fruchtsäfte, die auch nicht zu süß sind und über einen komplexen Geschmack verfügen. Ebenso können selbst gemachte Limonaden angeboten werden.

Zum Tanzen und Feiern können die ausgesuchten Weine einfach weitergetrunken werden. Ebenfalls sollte ein leichter, süffiger Schaumwein bereitstehen, wie etwa Prosecco oder ein leichter Rieslingsekt. Man will ja nicht nur einmal auf das Brautpaar anstoßen.

Geschäftsessen im Restaurant – Frauen an die Weinkarten!

Tretminen, in die Sie während eines Geschäftsessens tappen können, sind in den letzten Jahren deutlich weniger geworden. Es gibt kaum noch Restaurants, die Schnecken anbieten, die aus ihren Häusern gepult, oder Hummer, die mit martialischem Besteck formvollendet zerlegt werden müssen. Mit ein paar Tipps können Sie auch mühelos die Weinauswahl ohne Peinlichkeiten meistern.

Gerne wird vor dem Essen ein Aperitif eingenommen. In Spitzenrestaurants empfiehlt das Servicepersonal meistens verschiedene Schaumweine glasweise. Hier sollten Sie genau auf die Wortwahl des Kellners achten, denn die verrät indirekt den Preis pro Glas. Wird von Winzersekt, Crémant, Hauschampagner oder Hauscocktail gesprochen, sind diese die günstigere Wahl. Wer sich für den angebotenen Rosé-Champagner oder gar die Prestige Cuvée entscheidet, kann beim Bezahlen der Rechnung eine üble Überraschung erleben. Bestellt die Gastgeberin einen exklusiven Schaumwein für alle ist das natürlich in Ordnung. Doch wer sich selbst für ein Glas entscheiden soll, sollte anstandshalber den Hauschampagner oder Winzersekt wählen. Die Gastgeberin entscheidet sowohl wann mit dem Essen als auch mit dem Trinken angefangen werden kann. Sie greift zum Glas und erhebt es mit den Worten »Zum Wohl«. Die Gäste tun es ihr gleich, man sieht sich in die Augen, stößt allerdings nicht miteinander an.

Schließlich befindet man sich nicht auf einer Geburtstagsparty oder auf der Kirmes. Alle Gläser, die einen Stiel haben, werden selbstverständlich auch an diesem gegriffen. Am Kelch angefasst erwärmt sich der Wein und man hinterlässt unappetitlich aussehende Fingerabdrücke.

Nachdem die Entscheidung für das Essen gefallen ist, steht die Weinauswahl an. Die Zeiten, in denen die Weinkarte automatisch einem Mann gereicht wurden, sind vorbei. Frauen in Führungspositionen, die zum Geschäftsessen einladen, sollten deshalb souverän bestimmen, was ins Glas kommt und beherzt nach der Weinkarte greifen. In Spitzenrestaurants werden meistens Menüs mit mehreren Gängen serviert und oftmals auch eine passende Weinbegleitung dazu angeboten. Dies ist bei einem Geschäftsessen nicht zu empfehlen. Wer möchte schon fünf verschiedene Gläser Wein trinken, wenn über wichtige Dinge verhandelt wird? Außerdem würde man die Gäste in Verlegenheit bringen, die ihre Gläser nicht leer trinken möchten. Daher ist es zu empfehlen, eine Flasche Weißwein für die Vorspeisen und Zwischengerichte zu wählen und eventuell glasweise Rotwein zum Hauptgang. Ob Rotwein gereicht wird oder nicht, kann auch noch vor dem Hauptgang entschieden werden. Hier kann man es dem Service überlassen, zu eventuell verschiedenen Gerichten den passenden Rotwein glasweise anzubieten. Die Gastgeberin sollte jedenfalls aufmerksam zugehört haben, was ihre Gäste bestellt haben, in der Weinauswahl darauf eingehen und nach Vorlieben ihrer Gäste fragen. Ist man selber Gast und mag einen bestimmten Wein nicht, kann dies offen geäußert werden. Nachdem mit einem Weißwein gleich mehrere Gerichte begleitet werden sollen, sollte dieser nicht zu aromatisch sein, aber über genug Kraft und Struktur verfügen. Bei besonders wichtigen Kunden sollten Sie einen Wein wählen, der von seiner Herkunft auch ein gewisses Prestige verrät, um dem Gast zu signalisieren, dass er Ihnen besonders wichtig ist. Ein Chardonnay aus dem Burgund wäre eine Wahl, die zu vielen Gerichten passt und dem Wunsch nach Image Rechnung trägt. Haben die Gäste Meeresgerichte gewählt, kann ein Chablis mit seiner schlanken und doch kraftvollen Art sowie seiner fast jodsalzigen Mineralität ideal sein. Hier sollte man mindestens die Kategorie Premier Cru wählen, denn einfacher

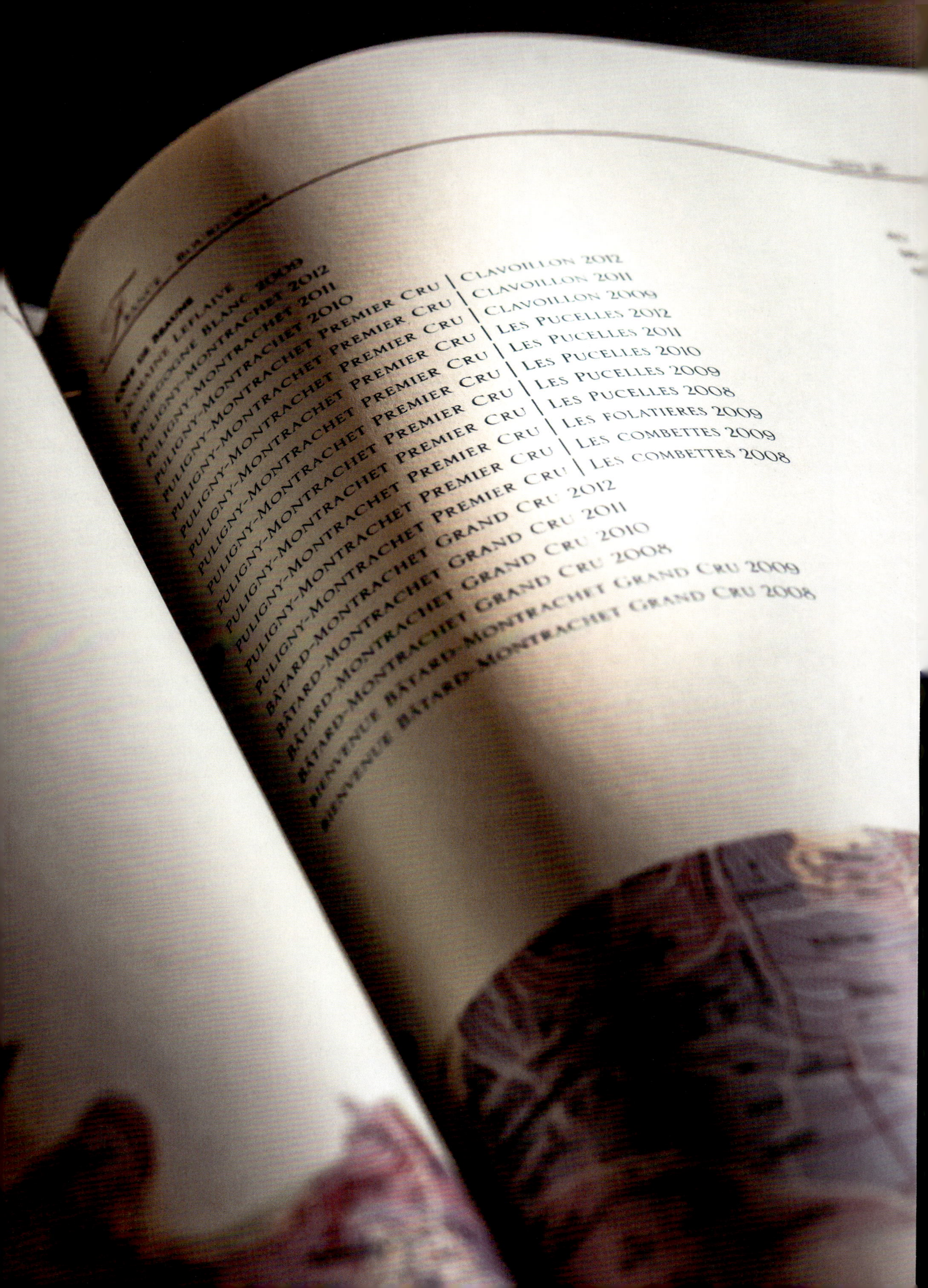

Côte de Beaune
Domaine Leflaive
Bourgogne Blanc 2009
Puligny-Montrachet 2012
Puligny-Montrachet 2011
Puligny-Montrachet 2010
Puligny-Montrachet Premier Cru | Clavoillon 2012
Puligny-Montrachet Premier Cru | Clavoillon 2011
Puligny-Montrachet Premier Cru | Clavoillon 2009
Puligny-Montrachet Premier Cru | Les Pucelles 2012
Puligny-Montrachet Premier Cru | Les Pucelles 2011
Puligny-Montrachet Premier Cru | Les Pucelles 2010
Puligny-Montrachet Premier Cru | Les Pucelles 2009
Puligny-Montrachet Premier Cru | Les Pucelles 2008
Puligny-Montrachet Premier Cru | Les Folatieres 2009
Puligny-Montrachet Premier Cru | Les Combettes 2009
Puligny-Montrachet Premier Cru | Les Combettes 2008
Bâtard-Montrachet Grand Cru 2012
Bâtard-Montrachet Grand Cru 2011
Bâtard-Montrachet Grand Cru 2010
Bâtard-Montrachet Grand Cru 2008
Bienvenue Bâtard-Montrachet Grand Cru 2009
Bienvenue Bâtard-Montrachet Grand Cru 2008

Chablis Village fällt oft zu säuerlich aus. Wurden eher kräftigere Speisen aus edlen Produkten wie Hummer oder Gerichte mit Steinpilzen gewählt, sollte man einen Chardonnay aus dem Herzen des Burgunds wählen. Ein Meursault hat diese verführerische Cremigkeit, Aromen von Nussbutter und Karamell, ist zupackend und verfügt über einen sehr lang anhaltenden Nachhall. Hier muss es kein teurer Premier Cru sein, um die Gäste begeistern zu können. Wer etwas auf das Budget achten muss, kann trotzdem mit Burgunder punkten. Chardonnay aus dem Süden Burgunds wie etwa aus Rully oder Pouilly-Fuissé erreicht zwar nicht ganz die Raffinesse und Komplexität wie seine nördlichen Verwandten, aber auch hier fällt der Chardonnay elegant und mit der idealen Balance zwischen Reife und Säure aus. Übrigens, französische Winzer sind Meister des Holzfassausbaus. Selbst wenn die Weine im Barrique ausgebaut wurden, sind die Holzaromen nie vordergründig, sondern unterstützen die Struktur des Weines. Burgunder in ihrer Eleganz und Vielschichtigkeit sind und bleiben die idealen Essensbegleiter. Gibt es keinen weißen Burgunder auf der Karte, kann Chardonnay aus anderen Ländern gewählt werden. Ebenso ginge ein vollmundiger Grüner Veltliner aus dem Kamptal, Kremstal oder der Wachau aber auch ein kraftvoller Riesling aus dem Rheingau oder von der Nahe. Bei so hochkarätigen Weinen schadet es auch nicht, wenn diese drei bis vier Jahre Flaschenreife hinter sich haben. Dann verschmelzen die Aromen mit der Textur des Weines, der dann noch besser zu den Speisen harmoniert. Ist für den Weinservice ein Sommelier oder eine Sommelière zuständig, kann sich die Gastgeberin auch einen Wein empfehlen lassen. Hier sollte man allerdings vorher die Karte kurz studieren, um sich einen Überblick über Auswahl und Preisgefüge zu verschaffen. Bekommt ein Gast ein besonderes Gericht wie Gänseleber zur Vorspeise, kann man ein Glas Süßwein dazu anbieten. Dies kann man ebenfalls zum Dessert vorschlagen.

Ist die Flasche Wein bestellt, präsentiert der Kellner vor dem Öffnen noch einmal die Flasche. Hier empfiehlt es sich, das Etikett zu lesen, um sicherzugehen, dass auch der bestellte Wein und Jahrgang serviert wird. Nach dem Öffnen der Flasche, lässt das Servicepersonal die Gastgeberin den ersten Schluck probieren, ob der Wein korkt, anderweitig fehlerhaft ist und richtig temperiert ist. Ist der Wein in Ordnung, reicht ein kurzes Nicken in Richtung Servicepersonal und der Wein wird allen eingeschenkt. Übrigens, bei einem Geschäftsessen kann Alkohol ohne Begründung auch abgelehnt werden. Selbst die Gastgeberin kann darauf verzichten, auch wenn ihre Gäste Wein trinken.

Wein im Restaurant aussuchen

Eine gute Weinkarte mit vernünftig kalkulierten Preisen gehört zu einem gelungenen Gastronomiekonzept. Viele Restaurants und Bistros haben das erkannt und man kann oft erstaunliche Entdeckungen machen. Gerade da, wo sich ein engagierter Gastronom besonders mit einem Weinland oder einer Region beschäftigt hat und eine Leidenschaft für dieses Thema pflegt, sollten Sie sich unbedingt etwas empfehlen lassen.

Die anderen Restaurants, wo Wein einfach nur den Wareneinsatz verbessern soll, bieten dem Gast dementsprechend langweilige, billig eingekaufte, traurige Gewächse an, die zudem meist schlecht gepflegt werden. Bevor Sie ein Glas offenen Weiß- oder Rotwein bestellen, sollten Sie einen Blick Richtung Tresen werfen. Falls dort eine geöffnete Rotweinflasche über der Kaffeemaschine steht, bestellen Sie lieber gleich ein Bier. Zudem kann ein Blick auf die angebotenen Jahrgänge Aufschluss darüber geben, inwieweit das Thema Wein gepflegt wird. Ein vier Jahre alter, trockener Rivaner, der als Empfehlung der Woche ausgegeben wird, sollte misstrauisch machen. Zu achten ist auch darauf, wie das Weinangebot aufgeführt wird. Steht auf der Tafel nur Hauswein oder Rosé fruchtig ohne Angabe von Jahrgang, Winzer und genauer Herkunftsbezeichnung, sollte der Service darüber Auskunft geben können. Ist dies nicht der Fall, können Sie erst einmal nach einem Probeschluck fragen, bevor Ihnen ein ganzes Glas eingeschenkt wird. Werden mehrere Sorten im offenen Ausschank angeboten, besteht die Gefahr, dass der ein oder andere Wein schon länger geöffnet herumstand und an Qualität eingebüßt hat. Oxidierte Weine erkennt man an dem Aroma von braunem Apfel, gekochten Früchten oder Essig. Ist dies der Fall oder ist das Glas Sekt bereits mehr Still- als Schaumwein, ist es an der Zeit, zu reklamieren.

Sitzen mehrere Personen am Tisch, lohnt es sich, Wein flaschenweise zu bestellen. Das ist im Vergleich zu offenen Weinen viel günstiger. Wer auf das Budget achten muss, findet selbst im hochdekorierten Sternelokal Weine für jeden Geldbeutel auf der Karte. Die großen Weinenthusiasten vergleichen übrigens gerne die Preise für bestimmte Weine in den verschiedenen Restaurants. Vor allem in den Häusern, die schon lange einen Weinkeller führen, gibt es manchmal richtige Schnäppchen, denn oft wurde versäumt, vor Jahren günstig eingekaufte Weine nachzukalkulieren. Es kann richtig zum Sport werden, nach diesen fein gereiften Bouteillen zu fairen Preisen zu suchen.

In vielen Restaurants gibt es mittlerweile einen Sommelier oder eine Sommelière. Die guten in ihrem Fach erkennen Sie daran, dass sie den Gästen nicht ihren Geschmack aufdrängen, sondern auf deren Wünsche eingehen. Wer so eine fantastische Fachfrau oder Fachmann vor sich hat, kann sich ruhig auf eine Empfehlung einlassen. Die schlechten Weinkellner und Weinkellnerinnen hingegen sind Opfer ihres eigenen Egos und langweilen ihre Gäste schon einmal mit Vorträgen zu dubiosen Neuentdeckungen oder referieren stundenlang teilweise mit erschreckendem Halbwissen. Hier sollten Sie lieber selber den Wein aussuchen.

Ein geselliger Mädelsabend

Es ist immer ein Fest, wenn man sich mit seinen besten Freundinnen trifft. Ob zum gemeinsamen Schnulzen ansehen, zu Geburtstagsfeiern oder einfach, um ausgiebig über Männer, Familie und Mode zu quatschen. Es gibt immer einen Grund, mal wieder eine Mädelskonferenz einzuberufen. Für die spritzigen und witzigen Gespräche braucht es Weine, die nicht beschweren. Immer passt natürlich Schaumwein vom Prosecco über Winzersekt bis zum Champagner. Aber auch fruchtbetonte, angenehm trockene Weißweine wie ein Sauvignon Blanc aus Neuseeland, eine Scheurebe aus Deutschland, ein Muskateller aus der Steiermark oder ein Greco di Tufo aus Süditalien beschwingen die Runde standesgemäß. Wer zu sich nach Hause einlädt und vielleicht ein paar Tapas, Käse oder Pasta auf den Tisch stellt, kann auch leichte Rotweine dazu servieren. Mit weniger Gerbstoff und moderater Säure ausgestattete Rotweine können dezent gekühlt serviert werden. Wie etwa ein saftiger Beaujolais, ein kirschfruchtiger Valpolicella, ein Vernatsch, ein Zweigelt, aber auch ein nicht zu kräftiger Cabernet Franc von der Loire oder ein Merlot aus dem Veneto.

Es weiß wahrscheinlich keine genau, wie viele Stunden jede von uns mit eigener und fremder Liebeskummerbewältigung beschäftigt war. Stunden über Stunden voller nervenaufreibender Telefonate und Küchentischgespräche mit der besten Freundin, um das mysteriöse Verhalten von Männern zu analysieren. Damit die Depression nicht noch größer ausfällt, sollten Sie bloß keinen schweren Rotwein einschenken! In Zeiten von Liebeskummer liegt Balsam im Champagner. Nichts umhüllt die Seele so luxuriös wie der fein perlende Schaumwein aus dem Norden Frankreichs. Man fühlt sich bald beschwingter, leichter, schöner, glücklicher – alles was man braucht, um neuen Lebensmut zu fassen. Aufarbeiten und Vergessen fängt mit einem guten Gespräch mit der besten Freundin bei einem Glas Champagner an.

Wein zum Grillabend

Sobald sich schönes Wetter ankündigt, werden in Deutschland die Baumärkte gestürmt und die Grillkohle nach Hause geschleppt. Ein regelrechter Boom hat sich um das Thema Grillen entwickelt und nicht nur hartgesottene Männer finden sich am offenen Feuer zusammen. In den Gärten steigt der Rauch auf und es liegt ein köstlicher Geruch von Grillfeuer in der Luft. So duftet und schmeckt der Sommer! Längst kommen dabei nicht nur Würstchen, Käseknacker und Schweinesteaks auf den Rost. Grillen ist raffiniert geworden. Es wird Geflügel im Ganzen gegart, Lachsteaks oder ganze Fische in der Grillzange zubereitet, halbe Hummer aufgelegt und für Vegetarier gibt es sowieso fantastische Rezepte rund um Gemüse und Käse. Dazu werden scharfe und relativ süße Saucen, Kräuterbutter, würzige Marinaden, Nudelsalat, Kartoffelsalat mit oder ohne Mayonnaise und natürlich Knoblauchbaguette in rauen Mengen verzehrt. Also eine ziemlich üppige Kost, die zusammen mit den kräftigen Röst- und Rauchoaromen des Grillgutes jeden Wein fordert. Hinzu kommt vielleicht eine gesellige Atmosphäre. Man sitzt oder flaniert durch den Garten, genießt den

Blick ins Grüne, hat Freunde und Familie eingeladen, die unterhalten werden wollen. Diese entspannte Stimmung sollte der Wein unterstreichen und trotzdem kräftig genug sein, um es mit den intensiven Aromen und üppigen Speisen aufnehmen zu können. Am besten wählt man einen Rotwein mit überschwänglicher Frucht und vollmundigem, abgerundetem Gerbstoffgerüst. Diesem Profil entsprechen Weine aus der Neuen Welt wie etwa ein Cabernet Sauvignon aus Chile oder Südafrika, ein Shiraz aus Australien, ein Zinfandel aus Kalifornien oder ein Malbec aus Argentinien, die es in jeder Preisklasse gibt. Mit mehr mediterraner Würze ausgestattet sind die Rotweine, die ihre Heimat rund ums Mittelmeer haben. Etwa ein Nero d'Avola oder Primitivo aus Süditalien, eine würzige Cuvée aus dem Languedoc oder ein geschmeidiger, runder Rotwein aus Spanien. Auch diese Weine gibt es für jeden Geldbeutel. Für die Bewirtung vieler Gäste lohnt sich übrigens der Einkauf eines Rotweins in der Bag-in-Box-Verpackung. In diesen Kartons befindet sich der Wein in einem Plastikbeutel, der sich bei der Entnahme zusammenzieht und so den Zutritt von Sauerstoff verhindert. Zum einen bleibt der Wein dadurch länger frisch, zum anderen sorgt das größere Volumen von bis zu fünf Litern dafür, dass der Rotwein nicht so schnell warm wird. Wer keinen Rotwein mag, dem kann man zum BBQ auch Rosé empfehlen. Kraftvolle und trockene Roséweine mit komplexer Struktur wie aus der Provence oder der südlichen Rhône nehmen es mit den intensiven Grillaromen auf. Leichtere und nicht ganz trockene Rosé, knüpfen eher an die süßen Marinaden und die üppigen Beilagen an. Weißweine sollten ebenso überbordend aromatisch sein, um es mit der Intensität und Aromenvielfalt aufzunehmen. Auch hier empfehlen sich Gewächse aus der Neuen Welt wie ein Sauvignon Blanc aus Neuseeland oder Südafrika oder ein kräftig im Holzfass gelagerter Chardonnay aus Kalifornien oder Australien. Aus Österreich kann ein schmelziger Morillon aus der Steiermark und aus Deutschland ein kräftiger Grauburgunder aus Baden passen. Aber auch am Grill und im Garten gilt: Erlaubt ist, was gefällt.

Silvesterparty

An Silvester ist die Zeit für Gesellschaftsessen, wo es nicht nur darum geht satt zu werden, sondern mit Freunden und Familie das Warten auf den Jahreswechsel mit einem gemeinsamen Essen vergnüglich zu zelebrieren. Am Silvesterabend sind Raclette oder Fondue die unschlagbaren Klassiker.

Erfunden haben das Raclette, bei dem sich alles um geschmolzenen Käse dreht, die Schweizer. Sie erhitzen die Schnittseite eines halben Käselaibs am offenen Feuer und wenn er gebräunt und weich genug ist, wird der Käse auf ein Stück Brot geschabt. Das Wort Raclette wird nicht umsonst vom französischen racler was so viel wie »schaben« bedeutet, abgeleitet. In deutschen Esszimmern hat längst der Raclettegrill Einzug gehalten. Hier hantieren die Gäste mit kleinen Pfännchen, in denen von eingelegten Früchten, Gemüse und Pilzen, über Schinken und Salami alles mit Käse überbacken wird. Es gibt Baguette, Pellkartoffeln und natürlich den richtigen Wein dazu. Traditionell trinkt man in der Schweiz einen Chasselas oder Fendant zum Raclette, ein Weißwein aus einer Rebsorte, die in Deutschland als Gutedel bekannt ist. Nachdem Schweizer Weine sehr schwierig in Deutschland zu bekommen sind, kann daher einfach ein Gutedel aus dem badischen Markgräflerland serviert werden. Das sind moderat aromatische und säurearme Weine, die sich zu der würzigen Speise angenehm einordnen. Andere säurearme Weißweine wie ein Weißburgunder oder ein Silvaner können ebenfalls dazu versucht werden. Rotweine sollten leicht sein und nicht zu viel Gerbstoff haben. Ein Raclette wäre ideal, um einmal wieder einen richtig guten Vernatsch aus Südtirol oder einen nicht zu kräftigen Beaujolais zu versuchen. Auch ein Sankt Laurent aus der Pfalz oder ein kirschfruchtiger Zweigelt aus dem österreichischen Carnuntum sind zu empfehlen.

Ein weiterer kulinarischer Dauerbrenner zu Silvester ist das Fondue. Es gibt einige verschiedene Arten. Klassisch ist das Fondue bourguignonne, wo das Fleisch in geschmacksneutralem Öl kurz frittiert wird. Ebenso können Zwiebeln, Paprika und Champignons ins heiße Fett gehalten werden. Dazu gibt es verschiedene, selbst gemachte Saucen, die alle über ein gewisses Maß an Süße verfügen. Zu diesem würzigen und üppigen Essen passt ein vollmundiger Rotwein wie etwa ein Bordeaux Grand Cru aus Saint-Émilion, ein gereifter, pfeffriger Syrah von der nördlichen Rhône wie etwa ein Saint-Joseph, ebenso ein samtig-saftiger Tempranillo aus Ribera del Duero, ein kräftiger Blaufränkisch vom Neusiedlersee oder ein reifer Merlot aus Kalifornien. Eine leichtere Variante ist das Fondue mit Brühe. Hier wird Fleisch und Gemüse in Rinder-, Hühner- oder Gemüsebrühe gegart. Dazu gibt es oft verschiedene Salate, Pellkartoffeln und leichte Kräuterdips. Zu diesem Fondue passen hervorragend mittelkräftige Weißweine. Ein Chardonnay aus dem südlichen Burgund wie etwa ein Mâcon oder Rully sind zu empfehlen, ebenso ein Grüner Veltliner aus dem Wagram oder Kamptal. Mittelkräftiger Grauburgunder oder Weißburgunder aus Deutschland oder Südtirol wären ebenso eine gute Idee, wie ein mittelkräftiger Godello aus dem spanischen Valdeorras oder ein Pecorino aus den Abruzzen. Besonders exklusiv ist ein Fisch-Krustentier-Fondue, bei dem man Fischfilets, Garnelen und Hummerstücke in Fischfond gart. Dazu serviert man Saucen wie knoblauchduftige Aioli oder mit Safran gewürzte Rouille sowie verschiedene gegarte Gemüse wie Fenchel oder Karotten. Zu den fein salzigen Meeresfrüchten passt natürlich Weißwein am besten. Klassisch wäre es, einen jodduftigen, schlanken aber durchaus kräftigen Chablis Premier Cru anzubieten. Raffiniert dazu schmeckt auch ein würziger, trockener Provence Rosé, ein kräftiger, erstklassiger Riesling aus Rheinhessen oder der Pfalz, ebenso wie ein kräftiger, pfirsich-duftiger und raffiniert rauchig schmeckender Fiano di Avellino aus dem italienischen Kampanien.

Zum Jahreswechsel gehört natürlich ein Glas prickelnder Schaumwein. Hier im Buch finden Sie ein eigenes Kapitel dazu (siehe Seite 106 ff. »Alles was prickelt – von Prosecco bis Champagner«).

Wein und Schokolade – ein kleines Fest im Alltag

Bei großen Festen versammeln sich viele Freunde und die Familie, es ist laut, es wird durcheinandergeredet und viel gelacht. Nicht weniger schön ist ein kleines Fest im Alltag, das wir nur für uns selbst veranstalten. Ein Stück Schokolade, das ganz langsam auf der Zunge zergeht, kann so ein kleines Fest sein. Am besten nach einem langen Arbeitstag, wenn man gestresst nach Hause kommt. Schokolade spricht alle Sinne an, man wird ruhig, kommt in seinen vier Wänden an und vergisst jeglichen Ärger. Ein Glas Wein dazu kann den Genuss noch steigern. Zu Zartbitterschokolade, die über einen Kakaoanteil bis maximal 85 Prozent verfügt, sind rote Likörweine wie Portwein oder Vin Doux Naturel aus den französischen Appellationen Banyuls oder Maury ideal. Die in diesen Weinen vorhandenen Gerbstoffe spielen mit den Röst- und Bitterstoffen der Schokolade. Die Süße gleicht sich aus und es ergibt sich ein hinreißendes Spiel zwischen Kakao- und Fruchtaromen. Viele dieser Weine behalten auch geöffnet über Wochen hinweg ihre Qualität, so kann ein kleines Glas getrunken werden und die angebrochene Flasche problemlos aufbewahrt werden. Übrigens solche haltbaren Likörweine sind am Flaschenverschluss zu erkennen, der aus einem kurzen Korkstück mit Plastikdeckel besteht und wiederverwendbar ist. Likörweine, die man nach dem Öffnen innerhalb von zwei Tagen

> **SCHOKOLADE UND EIN GLAS LIKÖRWEIN. DAS REICHT.**

trinken sollte, sind mit einem gewöhnlichen Korken verschlossen. Eine fruchtige, edelherbe Schokolade aus einer Edelkakaosorte wie Criollo passt hervorragend zu trockenen, kräftigen Rotweinen. Ist der Wein zudem fassgereift, kann die Schokolade die Barriquearomen mit Zusätzen wie Zimt, Vanille oder Pfeffer aufnehmen und widerspiegeln. Wer hingegen trockene Weißweine schätzt, sollte Milchschokolade dazu versuchen, mit einen Kakaoanteil von mindestens 30 Prozent, damit noch genug Schokoladengeschmack da ist und dieser nicht mit zu viel Zucker übertüncht wird. Am besten probiert man eine Milchschokolade, die mit Meersalz verfeinert wurde. Die Kristalle durchbrechen die im Mund zergangene Masse und der salzige Geschmack bildet die ideale Brücke zum Wein. Hervorragend zu lange auf der Hefe gereiftem Schaumwein wie Champagner, Cava oder Trento DOC passt Milchschokolade mit Meersalz und Mandeln. Vor allem die Nüsse spielen mit den feinen Hefenoten und ergeben ein komplexes Geschmacksbild. Überhaupt können mit den Zusätzen zur Schokolade raffinierte Kombinationen entstehen. So kitzelt Bitterschokolade, die mit Minze verfeinert wurde, die Grapefruit und Kräuternoten aus einer feinherben Scheurebe heraus. Kandierte Rosenblätter, rosa Pfeffer und Mandarinen in einer weißen Schokolade verbinden sich mit süßem Gewürztraminer. Mit Orangenzesten verfeinerte weiße Schokolade schmeckt zu hochgradigen Süßweinen wie Tokaji oder einer Riesling Beerenauslese. Dem Ausprobieren sind keine Grenzen gesetzt. Den Genuss erhöht man mit dem Kauf von raffinierten Schokoladen aus Edelkakaosorten wie Criollo, Trinitario oder Arriba Nacional. Die verfügen über weitaus weniger und harmonischere Gerbstoffe als die herkömmlichen Schokoladen und über komplexe Aromen. Ein Stück davon reicht ja meistens auch aus, um so ein kleines Fest für sich zu feiern.

Wein und Käse – eine sehr gute Verbindung

In der klassischen, französischen Menüfolge wird Käse nach dem Hauptgang serviert. Das schafft einen guten Übergang von den herzhaften Gerichten zum Dessert. In den meisten Fällen hat man da noch den Rotwein vom Hauptgang im Glas und wahrscheinlich kommt daher die Mär, dass Rotwein der beste Begleiter zum Käse wäre. Doch mit seinem kräftigen Tanningerüst passt er eigentlich nur zu Hartkäse wie Pecorino oder Parmesan. Es gilt die Faustregel, je härter der Käse, umso gerbstoffreicher kann auch der Rotwein ausfallen. Das Fett des Käses nimmt das Tannin angenehm auf und es kommen die Fruchtaromen des Weines zum Vorschein.

Zu den meisten anderen Käsesorten lassen sich allerdings eher Weißweine kombinieren. Da gibt es die herrlichen Ziegenkäse, die einen nussigen und fein säuerlichen Geschmack entwickeln wie etwa die Ziegenkäserolle Sainte-Maure oder der kleine, kugelige Crottin de Chavignol. Viele der berühmten Ziegenkäsesorten haben ihren Ursprung in der französischen Region Loire. Die Weißweine dieser Region aus der Rebsorte Sauvignon Blanc, insbesondere Pouilly-Fumé oder Sancerre, passen mit ihren zart grasigen Aromen und dem cremigen Finish perfekt dazu, aber auch andere Sauvignon Blanc, die im Geschmack nicht zu intensiv daherkommen. Eine ebenso gute Wahl sind feine fränkische Silvaner oder ein mittelkräftiger Verdejo aus Spanien. Alle Käsesorten mit weißer Rinde wie Brie de Meaux oder Camembert haben ein würziges Pilzaroma, das sich mit der Reife verstärkt. Ebenso verfügen die fettreichen Käse über eine cremige Textur. Der Wein sollte die cremige Textur aufnehmen und dem Geschmack des Käses etwas entgegensetzen. Ein fülliger Grauburgunder oder Chardonnay wäre eine gute Wahl. Wer unbedingt Rotwein trinken möchte, der sollte zu diesen Käsen einen nicht zu tanninbetonten Wein wählen. Dies könnte ein Spätburgunder oder ein Beaujolais sein, der mitunter leicht gekühlt serviert wird. Ist der Weißschimmelkäse noch nicht durchgereift, hat er einen kreidigen Kern, ist noch nicht so pilzig im Geschmack und verträgt sich damit sehr gut mit Champagner. Rotschmierkäse wie Munster aus dem Elsass oder Epoisses aus dem Burgund sind sehr intensiv aromatisch, fettreich und cremig in der Textur. Vor allem wenn sie weit gereift sind, fließen sie fast vom Teller. Hier braucht es einen ebenso intensiv aromatischen Wein, der auch die Textur perfekt aufnimmt. Der Klassiker dazu ist ein leicht süßer Gewürztraminer. Der Käse ist ebenso intensiv und cremig wie der Wein und die Kombination verschmilzt im

Mund zu einem fülligen Gesamtkunstwerk. Blauschimmelkäse sind ebenfalls sehr kräftig im Geschmack und zudem sehr salzig, allen voran der Roquefort oder der Stilton. Dessertweine wie Sauternes oder Tokaji, aber auch Likörweine wie Portwein Late Bottled Vintage gleichen Salzigkeit und Schärfe aus. Der Käse schmeckt weniger rassig und der Dessertwein weniger süß. Dieses Zusammenspiel von Speise und Wein ist einer der ganz großen Klassiker in der Weinwelt und Sie sollten dies unbedingt einmal verkosten Die Steigerung ist

kann. Außerdem sind solche Weine auch ideal nach dem Rotwein zum Hauptgang. Und damit ist der ideale Übergang zum Dessert geschafft.

Ein Picknick im Sommer

Herrliches Wetter, Sonnenschein, eine grüne Wiese und eine richtig große Decke – dann braucht es nur noch einen gut gefüllten Picknickkorb und einem gelungenen Sonntagnachmittag steht nichts mehr im Wege. Zu Speisen wie Sandwichs, gefüllten Wraps oder Gemüsesalat passt am besten ein angenehm trockener, nicht zu schwerer und nicht zu komplexer Rosé oder Weißwein, den man aus robusten Gläsern trinkt. Wie wäre es mit einem würzigen Lagrein Rosé aus Südtirol, einem Bardolino Chiaretto oder einem fruchtigen Portugieser Weißherbst? Wer lieber einen Weißwein dazu trinkt, kann einen erfrischenden Verdejo, einen leicht prickelnden Vinho Verde aus Portugal, einen nicht zu

Auch beim Picknick darf ein passender Wein nicht fehlen

dann noch ein »Obazda Deluxe«. Hierzu einfach Roquefort oder anderen Blauschimmelkäse zerbröckeln und mit Dessert- oder Likörwein verrühren. Serviert auf einem gerösteten Walnussbrot mit frischen Feigen und Sie schweben auf Wolke sieben.

Aber zurück zu unserer klassischen, französischen Küche. In den vielen herrlichen Restaurants fährt nach dem Hauptgang der Service mit einem Käsewagen vor. Darauf findet sich eine handverlesene Selektion der besten Käse. Man wählt verschiedene Käsesorten aus und kann natürlich nicht zu jedem Stück einen passenden Wein verlangen. Es braucht also einen »Jokerwein«, der es mit allen Käsen aufnehmen kann. Am besten passt nicht zu süßer Weißwein wie etwa eine Riesling Spätlese oder Auslese, die schon ein paar Jahre Flaschenreife hinter sich hat. Ebenso geht ein nicht ganz trockener Gewürztraminer aus dem Elsass oder der Pfalz, der es mit seinen intensiven Aromen auch mit dem würzigsten Käse aufnehmen

kräftigen Grünen Veltliner aus dem österreichischen Weinviertel oder einen Soave Classico aus dem Veneto in den Korb packen. Am besten geben Sie die gut vorgekühlte Flasche in eine Kühlmanschette und wählen einen Wein mit Schraubverschluss, damit Sie nicht noch extra einen Korkenzieher einpacken müssen. Schaumweine eignen sich übrigens weniger fürs Picknick, denn oft erreicht man seinen Lieblingsplatz nur über holprige Wege und eine durchgeschüttelte Flasche Sekt sollten Sie besser nicht öffnen.

Nicht schon wieder Hugo!

Wein muss nicht immer pur getrunken werden. Nicht nur im Sommer können kreative Mixgetränke auf Weinbasis die Laune heben. Dabei muss es nicht immer nur Hugo oder Aperol Sprizz sein. Es gibt viel kreativere Rezepte, die zum Ausprobieren einladen. Hier habe ich ein paar meiner Lieblingsrezepte zusammengestellt.

Portonic

Mein absoluter Favorit ist Portonic, der in der portugiesischen Stadt Porto, im Epizentrum des Portweines, zum Aperitif und zum Feiern gehört. Er besteht aus frischem, weißem Portwein mit Tonic. Ein Drink der fruchtig-erfrischend, leicht bitter und nicht zu süß schmeckt. Einfach genial für den Sommer!

50 ml weißer Portwein extra dry
(mit 20–30 g/l Restzucker)
100 ml gutes Tonic
1 Scheibe Zitrone
Minzeblätter und Eiswürfel

Alles zusammen in einen Tumbler geben und umrühren. Herrlich!

Sangria

Das Geniale an richtig guter Sangria ist die Balance zwischen erfrischenden Zitrusaromen, Süße von Früchten und Rohrzucker sowie der reifen Aromatik und bitter schmeckenden Gerbstoffen von Rotwein. Gut gekühlt und selbst gemacht, ist der Drink weit von dem üblen Gesöff entfernt, das in Mallorca schon einmal aus Putzeimern getrunken wird. Ideal für alle, die eine größere Party organisieren wollen.

750 ml mittelkräftiger, saftiger Rotwein wie einfacher Merlot aus dem Veneto, Tempranillo aus der La Mancha oder Nero d'Avola aus Sizilien
750 ml Zitronenlimonade
in Viertel geschnittene Scheiben von 1 Orange, 1 Zitrone, 1 Limone
2 Zimtstangen
1 Vanillestange
4 cl Cognac
100 ml roter Wermut
100 ml roter Portwein (Ruby Port)
100 g brauner Zucker

Alles vermischen und gekühlt mindestens einen Tag ziehen lassen. Sollte die Sangria länger aufbewahrt werden, muss man nach zwei Tagen die Zitrusfrüchte herausnehmen, sonst wird die Sangria bitter.

Bowle – Kalte Ente

Das erinnert ein bisschen an die 1950er-Jahre, als die Bowle neben Käseigel und Gewürzgurken den Inbegriff der Kultiviertheit darstellte. Warum auch nicht? Schließlich sind gut bereitete und eisgekühlte Bowlen ideale Durstlöscher auf jeder Sommerparty. Ein großer Klassiker ist die Kalte Ente. Eine Bowle, die auch deshalb zu empfehlen ist, weil sie ohne Spirituosen zubereitet und leichter im Alkoholgehalt ausfällt. Wichtig ist, dass alle Zutaten gut gekühlt sind und auch das Bowlegefäß auf Eiswürfeln steht.

3 Zitronen, Schale spiralförmig abschneiden, die Zitronen auspressen und den Zitronensaft in die Bowle geben
1 Flasche guter Riesling Sekt brut
1 Flasche guter, fruchtiger Riesling Kabinett von der Mosel mit 7,5 Vol.-% Alkohol

Alles vermischen und mit Eiswürfeln und Zitronenschale servieren. Wer möchte, kann noch etwas Zitronenmelisse oder Zucker zugeben, wobei der Mosel-Riesling eigentlich über ausreichend Süße verfügen sollte.

Bellini

Ein großer Cocktail-Klassiker ist der Bellini, den der Gründer der legendären Harry's Bar in Venedig erfunden hat. Besonders wird der fruchtige Cocktail durch pürierte, vollreife, weiße Pfirsiche oder die flachen, runden Weinbergpfirsiche. Nachdem diese in Deutschland in bester Qualität nicht immer zu bekommen sind, kann man auch auf einen erstklassigen Nektar oder fertiges Pfirsichpüree zurückgreifen. Allein die hellrosa Farbe ist ein Genuss, hinzu kommen die üppigen fruchtigen Aromen und ein zartes, erfrischendes Prickeln.

4 cl weißes Pfirsichpüree
10 cl Prosecco oder Champagner

Fruchtpüree mit Schaumwein aufgießen und mit einem langen Löffel vorsichtig umrühren.

Negroni

Negroni ist der Cocktail-Klassiker aus Italien, der mit seinem herben Geschmack in den vielen Aperitifbars zu kleinen Antipasti genossen wird. Basis ist Wermut, ein mit Kräutern und anderen Zutaten aromatisierter Wein, sowie Campari und Gin. Ideal für Genießerinnen, die es gerne kräftig und nicht zu süß mögen.

   5 cl roter, süßer Wermut
   5 cl Campari
   5 cl Gin

In einen Tumbler mit Eiswürfeln geben, verrühren und mit einer Orangenzeste garnieren.

Anlässe gibt es viele!

KAPITEL 5

TOLLE WEIN FRAUEN

LISA BUNN

WEINGUT LISA BUNN

Lisa Bunn ist Jahrgang 1987, hat 2011 den Familienbetrieb im rheinhessischen Nierstein übernommen und sorgt seitdem mit ihren geradlinigen Rieslingen vom berühmten »Roten Hang« für Aufsehen. Sie hat Internationale Weinwirtschaft in Geisenheim studiert und verschiedene Praktika im In- und Ausland absolviert. Unter anderem war sie auf Weingütern in Südafrika und Australien, um bei der Lese mitzuarbeiten und so ihren Horizont zu erweitern.

Im Jahre 2008 wurde sie zur Rheinhessischen Weinkönigin gekürt, um ein Jahr lang die Weine aus ihrer Heimat einem breiten Publikum vorzustellen. Lisa Bunn gehört zur modernen, jungen und bestens ausgebildeten Winzerelite unseres Landes. Ihre Weine werden nicht nur in Deutschland getrunken, sondern in zahlreiche Länder exportiert – darunter Australien, die Schweiz, Tschechien, Belgien, die Niederlande, Österreich und Norwegen.

Wie kam es dazu, dass Du Winzerin geworden bist und den Betrieb Deiner Eltern übernehmen wolltest?
Ich habe das eigentlich erst spät entschieden. Als ich klein war, habe ich meine Eltern auf dem Weingut immer nur schuften sehen. Jedes Wochenende, immer lang und immer vom Wetter abhängig – das wollte ich nicht. Mein Mann, den ich seit meiner Abiturzeit kenne, stammt auch aus einem Weingut, und ihm erging es ähnlich. Wir haben dann nach der Schulzeit aus Interesse Touren zu erfolgreichen Weingütern gemacht, um uns anzusehen, was die anders machen. Bei einem Weingut haben wir dann einen ganz besonderen Riesling verkostet. Das war ein so prägnantes Erlebnis! Das hat uns richtig gepackt. Solche Weine wollten wir auch bereiten. Deshalb sind wir nicht Polizist und Steuerberaterin geworden, sondern Winzer.

Früher hat man gesagt, der Winzerberuf ist körperlich zu anstrengend für eine Frau. Ist das heute auch noch so?
Heute gibt es so viele technische Neuerungen, die die Arbeit körperlich erleichtern, was den Winzerberuf auch für Frauen attraktiv macht.

Gibt es im Arbeitsalltag nicht doch eine Tätigkeit, die Dir schwerfällt?
Traktor fahren wird nicht mein Hobby ... Gott sei Dank ist die Hofeinfahrt breit genug!

Seit Du den Betrieb 2011 übernommen hast, hat sich hier viel geändert. Gab es da nicht auch Generationskonflikte?
Nein, überhaupt nicht. Erst mal gab es nie den Druck auf mich, überhaupt den Betrieb zu übernehmen. Meine Eltern waren dann ganz froh, dass wir es nach einigem Zögern doch gemacht haben. Sie haben mich und meinen Mann machen lassen und in allem unterstützt. Wir haben nämlich von der Weinbereitung, Weinstil, über Flaschendesign bis hin zur Distribution alles geändert – da haben sie uns sehr großes Vertrauen geschenkt.

Da habt Ihr sicherlich zunächst auch Stammkunden verloren, oder?
Ja, auf jeden Fall, die mit dem neuen Weinstil nichts anfangen konnten. Ich bin dann erst mal überall Klinkenputzen gegangen, um das wieder aufzufangen.

Fürs »Klinkenputzen« – war das von Vorteil, jung, attraktiv und weiblich zu sein?
Eher, dass man jung und neu im Weingeschäft ist. Das ist eine Geschichte, die die Leute interessiert und nicht unbedingt, dass ich eine Frau bin. Es wäre schon anders gewesen, wenn mein Vater dagestanden hätte und gesagt hätte: »Ich mache schon seit 30 Jahren guten Wein, probiert doch mal.«

Du stehst für die neue Winzergeneration – war das Geschlecht noch ein Thema in Ausbildung, Praktika und jetzt als Chefin des Weinguts?
In der Ausbildung und im Studium waren alle sehr offen. Da hatten viele Frauen vor mir eine Vorreiterrolle. Die haben Grundsteine gelegt und dafür bin ich auch dankbar. Erst als ich den Betrieb zu Hause übernommen habe, bin ich auf Schwierigkeiten mit langjährigen Mitarbeitern gestoßen. Die kannten mich noch als Kind und konnten das erst nicht verkraften, dass ihnen jetzt diese »Göre« etwas erzählen will. Da musste ich mich durchsetzen. Heute kommen wir gut miteinander aus.

Machen Frauen andere Weine als Männer?
Ich glaube, dass Frauen anders und sensibler verkosten. Daher bereiten sie geschmeidigere und harmonischere Weine. Es gibt weniger geschmackliche Extreme.

Was liebst Du am meisten in Deinem Job?
Neue Barriquefässer füllen! Wenn das Volumen so langsam darin steigt und der Duft vom Spätburgunder aus einem neuen Barrique herauskommt ... Das ist mein Lieblingsmoment.

Was möchtest Du mit Deinem Weingut erreichen?
Mein Mann und ich, wir wollen den Betrieb auf ökologische Wirtschaftsweise umstellen. Ansonsten wollen wir die Qualitäten jedes Jahr steigern. Es ist uns ganz wichtig, dass wir uns nicht ausruhen, nicht nachlassen, sondern offen bleiben. Man lernt jedes Jahr etwas Neues.

Bei welcher Gelegenheit darf ein Glas Wein nicht fehlen?
Nachdem ich gerade schwanger bin, denke ich im Moment gar nicht daran. Übrigens, meine beste Freundin, die auch Winzerin ist, ist auch schwanger und wir haben uns schon eine Flasche Champagner reserviert für den Moment, in dem wir wieder was trinken dürfen.

Frauen in der Weinwelt – immer noch neu oder längst selbstverständlich?
Es wird derzeit ja viel geschrieben zu dem Thema. Für mich und meine Kolleginnen ist das das Normalste auf der Welt. Für viele ist es allerdings immer noch etwas Neues. Es kommt wohl auf die Perspektive an.

Lisa Bunn

DR. CLAUDIA STEIN-HAMMER
LEITERIN DER DEUTSCHEN WEINAKADEMIE

Dr. Claudia Stein-Hammer ist Winzerstochter und in einem Weinbaubetrieb in der Region Nahe aufgewachsen. Nach ihrem Studium der Ernährungswissenschaften promovierte sie an der Universität Hohenheim in Stuttgart. Nachdem sie Berufserfahrung bei einem pharmazeutischen Unternehmen gesammelt hatte, zog es sie zurück in die Weinbranche. Vor mehr als 20 Jahren übernahm sie die Leitung der Deutschen Weinakademie, wo sie sich auf wissenschaftlicher Ebene mit dem Thema Wein und Gesundheit auseinandersetzt. Sie organisiert dabei nicht nur Fachkongresse für unterschiedliche Zielgruppen wie Ärzte oder Ernährungsberater, sondern ist auch für die Öffentlichkeitsarbeit unter anderem im alkoholpolitischen Bereich in enger Abstimmung mit den Verbänden der Branche zuständig. Sie ist mitverantwortlich für die Kampagne »Don't drink and drive« und seit 2007 zuständig für die nationale Umsetzung des Präventions- und Informationsprogramms der internationalen Weinwirtschaft »Wine in Moderation«.

Wein hat ja auch eine Schattenseite: Er enthält Alkohol. Wir kennen die Probleme, die mit dem Genuss einhergehen – wie sehen Sie das Thema?

Ich versuche, alle Facetten einzubeziehen und sehe vor allem, dass die Sensibilität der Menschen zunimmt. Auch Weinfreunde sehen das Thema zunehmend differenzierter und erkennen, dass sie umsichtig mit einem alkoholischen Getränk umgehen müssen. Vor allem die jüngeren Leute der Weinbranche haben entgegen weitverbreiteter Annahme heute einen viel verantwortungsvolleren Umgang mit Alkohol, insbesondere im Straßenverkehr. Während die Älteren noch öfter sagen: »Ach so ein Glas mehr – das macht doch nix«, gibt es für die Jüngeren beim Thema »Don't Drink and Drive« überhaupt keine Alternative.

Hat es also einen gesellschaftlichen Wandel gegeben?

Ja! Sich und andere durch Alkoholmissbrauch zu gefährden, ist kein Kavaliersdelikt mehr. Auch bei mehr und mehr Jugendlichen ist das vorbei, dass der, der nicht mal ordentlich säuft, »uncool« ist. Das war vor einigen Jahren noch anders. Zum Glück geht das sogenannte Komasaufen unter den Jugendlichen Jahr für Jahr zurück. Dieses Phänomen und die damit verbundenen gesundheitlichen und gesellschaftlichen Probleme haben allerdings die »Wine in Moderation«-Kampagne erst ins Leben gerufen.

Man könnte meinen, dass die internationale Weinwirtschaft doch nur am Umsatz interessiert ist. Warum hat ausgerechnet sie eine Kampagne initiiert, die Konsumenten aufruft, bewusster und vielleicht auch weniger zu trinken?

Die »Wine in Moderation«-Kampagne ist auch aus einer politischen Zwangslage heraus entstanden. Die angesprochenen Probleme mit dem »Komasaufen« hatten vor etwa zehn Jahre ihren Höhepunkt. Wenn sich Zwölfjährige bis zur Bewusstlosigkeit betrinken, müssen Gesellschaft und Politik reagieren. Die EU und deren Mitgliedstaaten reagierten mit einem verschärften Entwurf eines »Alkoholplans«, dem ähnliche Restriktionen wie beim Tabakkonsum folgen sollten: Steuererhöhung, Warnhinweise, Werbeverbote und Zugangsbeschränkungen. Dabei wissen wir, dass man mit einer Art »Prohibition« das Problem nicht bekämpft, sondern nur den Schwarzmarkt fördert. Was langfristig Erfolg verspricht, sind Information und Aufklärung. Das Ziel ist hier nicht: Trinke keinen Alkohol. Sondern: Trinke das

Dr. Claudia Stein-Hammer

zuträgliche Glas mit Sinn und Verstand. Wir haben uns mit »Wine in Moderation« gegenüber der EU verpflichtet, unseren Teil gegen Missbrauch beizutragen.

Jetzt macht die Weinbranche ja ihr eigenes Ding, unabhängig von Bier und Spirituosen. Warum?
Ja – und das, obwohl wir ökonomisch gesehen viel schwächer aufgestellt sind. Wir sind uns einfach bewusst, dass Wein ein besonderes Image hat und sich nicht nur auf Alkohol reduzieren lässt. Wein steht im Kontext von Kulturgut, Tradition, Genuss und allem, was die Weinwelt so besonders macht. Wir wollten diesen hohen Wertekomplex bewahren. Deshalb gehen wir einen eigenen Weg.

Sie wollen Einfluss auf Verhaltensmuster nehmen – wie kann man sich das vorstellen?
Wir bilden den Nachwuchs aus. Die, die in irgendeiner Form eine Ausbildung in der Weinbranche durchlaufen. Damit das Thema mit den jungen Leuten in die Branche hineinwächst. Seit 2008 wird in allen Berufsschulen mit weinbezogenem Ausbildungsgang ein Projekttag zum Thema »Wein zwischen Gesundheit und Risiko / Wine in Moderation« durchgeführt. Die (angehenden) Weinexperten wissen, dass man Wein am besten zum Essen trinkt und wie viel zu viel ist.

Woran liegt es, dass Frauen weniger als Männer vertragen?
Ungerecht, aber es ist so. Das liegt an vielen Faktoren. Alkohol verteilt sich bei Frauen wegen ihres geringeren Körperwassers auf weniger Raum, konzentriert sich demnach mehr. Hinzu kommt, dass der weibliche Organismus Alkohol aufgrund seiner enzymatischen Ausstattung langsamer abbaut. Demnach erreichen Frauen mit dem gleichen Konsumverhalten wie Männer schneller einen riskanten Bereich.

Aber jetzt mal abgesehen von Alkohol – Wein wird seit Jahrtausenden auch als Medizin gesehen. Allerdings finde ich es schwierig, sich in dem Studiendschungel zurechtzufinden. Zu jeder Studie gibt es eine Gegenstudie. Was sagt die Expertin? Welcher Benefit ist beim Weinkonsum unbestreitbar?
Die DWA setzt hier ganz klar auf wissenschaftliche Fakten. Wir berufen uns für unsere Aussagen nur auf Metaanalysen und nie auf nur eine Einzelstudie. Metaanalysen sind Zweitstudien, die bereits publizierte Ergebnisse in einen Topf werfen und diese noch einmal differenziert auswerten. Das ist der sogenannte Goldstandard in der Wissenschaft und kommt der biologischen Wahrheit schon recht nahe. Das macht man übrigens auch vor allem bei Nahrungsmittel- und Lebensstilstudien, die ja viel schwieriger als Medikamentenstudien sind. Weil eben Co-Faktoren wie Rauchen, Übergewicht etc. das Ergebnis beeinflussen. Wenn man diese Analysen betrachtet, gibt es bei den positiven Auswirkungen von Wein auf das Herz-Kreislauf-System, aber auch bei Diabetes keine Diskussion mehr.

Wenn ich Wein trinke, habe ich also ein geringeres Risiko an einem Herzinfarkt zu sterben?
Ja – jeder, der sich mit wissenschaftlichen Grundsätzen beschäftigt, muss sagen, dass dem so ist. Diejenigen, die ein bis zwei Gläser trinken – bevorzugt Wein, aber (mit Einschränkung) auch andere alkoholische Getränke –, haben ein geringeres Risiko, an Herz-Kreislauf-Erkrankungen zu sterben. Hier sind die biologischen Mechanismen klar und nachvollziehbar. Aber Wein ist kein Medikament. Seine positiven gesundheitlichen Wirkungen gehen einher mit einer gesunden Ernährung. Wenn ich nur Quatsch esse und rauche wie ein Schlot, dann hilft das Glas Wein auch nicht weiter.

Wein und Gesundheit – ist das ein Frauenthema?
In der Wissenschaft sind Frauen und Männer gleich aufgestellt. Es publizieren ebenso viele Frauen auf biologisch-medizinischer Ebene zu diesem Thema. Hier sehe ich keinen Unterschied.

In der praktischen Umsetzung der wissenschaftlichen Erkenntnisse scheint es jedoch einen Unterschied zu geben – zumindest in meiner Wahrnehmung. Obwohl die meisten Starköche Männer sind, interessieren sich Frauen mehr für gesunde Ernährung, sind offener für neue und traditionelle Erkenntnisse. Das trifft auch beim Thema Wein und Essen sowie seiner gesundheitlichen Aspekte zu. Frauen sehen das Thema in der Regel differenzierter und wägen die Vor- und Nachteile mehr gegeneinander ab. Das bildet sich auch im persönlichen Lebensstil ab. So zeigen Studien, dass Frauen generell achtsamer mit ihrem Körper umgehen. Dies betrifft auch das Thema Wein als alkoholhaltiges Getränk. Aus dieser Perspektive heraus kann es sein, dass das eher ein Frauenthema ist.

Sie hätten mit Ihrem Studium ja auch in der Industrie landen können. Was gefällt Ihnen denn in der Weinbranche?
Einen vergleichbar spannenden Weg zwischen Wissenschaft, Medizin, Genuss, Lebensstil, Alkoholpolitik und Wirtschaft gibt es für kein anderes Produkt. Eine gewisse Weinaffinität gehört allerdings dazu, so lange schon so viel Freude an diesem Thema zu haben. Und das, obwohl ich ja leider nie bei diesen Veranstaltungen bin, wo Königinnen gewählt oder Preise vergeben werden. Im Ernst, ich habe in diesen 20 Berufsjahren so viele unterschiedliche nette und interessante Menschen getroffen, die mein berufliches und privates Leben bereichert haben. Und der Kitt, der dieses Umfeld zusammenführt und -hält, ist die Verbundenheit zum Wein in all seinen Facetten. Das ist, denke ich, schon besonders in der Weinwelt. Darüber hinaus macht der Mix aus Wissenschaftlern, Ärzten, Politikern, Weinwirtschaftsgrößen, aber auch Winzerlehrlingen und Weinbaustudenten in der Kombination mit einem schwierigen, ambivalenten Thema meine Arbeit kurzweilig und sinnvoll.

Ganz persönlich: Bei welcher Gelegenheit darf ein Glas Wein auf gar keinen Fall fehlen und was wäre das dann für ein Wein?
Bei einem guten Essen darf ein Wein nicht fehlen. Ich trinke am liebsten Weißwein, bevorzugt Riesling und Weißburgunder, beim Roten mag ich Trollinger.

»WINE IN MODERATION« – WEIN MIT MASS UND STIL

»Wine in Moderation« ist eine Kampagne der europäischen Weinwirtschaft. Ziel ist es, mit Informationsprogrammen zur Entwicklung einer nachhaltigen Weinkultur beizutragen, moderaten Weingenuss als Teil eines gesunden Lebensstils zu etablieren und auf Risiken des Missbrauchs aufmerksam zu machen. Des Weiteren verpflichten sich die weinbautreibenden Länder mit dieser Initiative auch zu verantwortungsvoller Werbung. Die Kampagne beinhaltet auch eine wissenschaftliche und politische Plattform, auf der Informationen zum Stand der Forschung ausgetauscht werden. Weitere Informationen zum Thema Wein und Gesundheit finden sich auf www.wineinmoderation.eu.

Dr. Claudia Stein-Hammer

ANDREA WIRSCHING
WINZERIN

Andrea Wirsching vom renommierten und traditionsreichen Weingut Hans Wirsching ist Jahrgang 1964 und im idyllischen Weinort Iphofen in Franken aufgewachsen. Nach ihrem Studium von Geschichte und Literatur ging sie wieder zurück zu ihren Weinwurzeln und durchlief eine Ausbildung beim Weingut Prinz Salm. Sie war 18 Jahre mit Christian Ebert vom Weingut Schloss Saarstein in der Region Mosel verheiratet. Seit 2010 lebt sie wieder in Franken, um die Geschäftsleitung des familieneigenen Weingutes zu übernehmen. Andrea Wirsching hat drei Töchter und wenn es ihre Zeit zulässt, spielt sie gerne Klavier, kocht, geht reiten oder auf die Jagd.

Du bist in einem Familienweingut aufgewachsen. Sind traditionelle Rollenbilder wie »Mann im Weinberg und Keller – Frau in Büro und Probierstube« immer noch weit verbreitet?
Ja, natürlich gibt es die noch. Bei mir im Weingut sind sie alle ganz froh, dass ich das Marketing übernehme. Ich habe als studierte Historikerin allerdings auch nicht den Anspruch, mich um den Weinkeller zu kümmern. Auch als ich 18 Jahre lang an der Saar mit einem Winzer verheiratet war, hatte ich wenig mit der Produktion zu tun. Jetzt habe ich Glück, dass unser Weingut groß genug ist, um einen sehr guten Kellermeister zu engagieren. Ich kann mitreden, muss die Kellerarbeit aber nicht selber machen.

Ist es heute selbstverständlich geworden, dass auch die Frauen die Weingüter übernehmen oder fragt man nicht doch erst den Sohn?
Ich glaube, dass immer noch viele Familien erst den Sohn fragen. Erst wenn es keinen Jungen gibt, kommt ein Mädchen dran. Wir haben es mit einer traditionellen, konservativen Branche zu tun, und mit sehr alten Familienstrukturen.

Hat man als Frau Vorteile, wenn man sich mit dem Marketing beschäftigt?
Ich denke, dass man als Frau eine hohe soziale Kompetenz hat. Frauen können sehr gut spüren, was so in der Luft liegt, die Atmosphäre wahrnehmen und mit dem Gegenüber in Kontakt treten. Das hilft sehr beim Marketing. Wir haben auch nicht den Anspruch, gleich alles zu wissen. Wir haben die Klugheit, einfach zu fragen. Da sind wir offener und kriegen dadurch mehr mit, was eigentlich läuft.

Musstest Du Dich in Deinem Werdegang auch mal richtig durchsetzen und Kämpfe austragen?
Schon. Die männlichen Führungskräfte hatten es nicht immer einfach mit der Idee, dass da eine Frau ist. In so einem Fall gehört von beiden Seiten auch eine große Toleranz dazu. Ich habe früher mit einer »Basta-Mentalität« auch Fehler gemacht. Es ist wichtig, die Jungs mit ins Boot zu holen. Das sind Dinge, die man eben lernen muss. Heute denke ich, dass meine Mitarbeiter froh über meine Verlässlichkeit sind und erkennen, dass ich als Nachfolgerin für meinen Betrieb brenne und mich einsetze.

Wenn Du eine Stellenausschreibung formulieren müsstest, um die »moderne Winzerfrau« zu suchen – was würde da drin stehen?
Die moderne Winzerfrau muss anpacken können, handfest und offen sein, um sich mit vielen Bereichen zu beschäftigen. Wir haben es mit vielen Themen zu tun, sei es Produktion, Lebensart und Kultur,

Betriebswirtschaft, Menschenführung, Sich-auf-Kunden-einstellen, Essen, Trinken oder Kochen und Familie. Es ist ein großer Blumenstrauß, mit dem man es als Winzerfrau zu tun hat.

Sind Frauen in der Weinwelt überall angekommen oder gibt es noch Bereiche, in denen gekämpft werden muss?

Es ist viel erreicht worden, aber es gibt noch einiges zu tun. In der Weinbaupolitik, wo es auch viel um Macht, Seilschaft und Klüngel geht, gibt es sehr wenige Frauen. Wir müssen auf wichtige Weinbauthemen Einfluss nehmen. Dazu kommt ein soziales Problem: Viele Frauen heiraten in den Weinbaubetrieb ihres Mannes ein, bauen den Betrieb mit auf, werden aber nur in Form eines 400-Euro-Jobs bezahlt. Wenn diese Frauen dann zu den 50 Prozent in Deutschland gehören, die sich scheiden lassen, stehen sie ohne Altersvorsorge da. Da muss mehr Bewusstsein geschaffen werden.

Legen Frauen in der Weinwelt ein anderes Verhalten an den Tag?

Ich erlebe die Frauen als unheimlich offen. Weil wir Frauen auch eher bereit sind für unsere Kinder, Männer und Weingüter Kompromisse zu machen. Es ist unsere Stärke, dass wir Dinge direkt lösen können und uns sehr unterstützen können.

Machen Frauen andere Weine?

Nein. Guter Wein ist guter Wein.

Wie sieht es auf der Kundenseite aus? Erlebst Du die Frauen in der Probierstube selbstbewusster im Umgang mit Wein als noch vor zehn Jahren?

Ja, klar. Da hat sich viel verändert. Es gibt noch ältere Paare, bei denen der Mann am Ende der Probe sagt: »Und jetzt nehmen wir noch einen halbtrockenen Bacchus für meine Frau.« Heute trifft man allerdings immer mehr Frauen, die sagen: »Schätzelein, bestell', was Du magst, aber ich will einen trockenen Silvaner.«

Was war das schönste Erlebnis in der Weinwelt?

Meine Weinreise nach Israel. Wir haben mittlerweile ein Partnerweingut dort, mit dem wir Austausch und Freundschaft pflegen. Das bedeutet mir sehr viel. Wenn du irgendwo mit Menschen zusammen bist, die mit Wein zu tun haben, entsteht eine Verbindung und plötzlich fühlt sich das Leben richtig gut an. Auf einmal hast Du da eine Freundschaft und richtig Freude am Leben, einen Genuss und du spürst die Erdverbundenheit. Das ist großartig.

Was war das kurioseste oder schlimmste Erlebnis?

Es gibt so wilde Erlebnisse. Als im Jahre 1982 diese sehr große Ernte kam, wussten wir nicht, wo wir den Wein noch unterbringen sollten. Alle Tanks waren voll und am Schluss haben wir unser Schwimmbad geputzt, um dort den Most so lange lagern zu können, bis die neuen Tanks geliefert wurden. Schlimm ist, wenn der Frost kommt und du einfach nichts machen kannst. Du hast eben nicht die Kontrolle über alles. Du musst sehr viel Gespür für die Natur haben, aber auch akzeptieren, wenn sie nicht mitmacht. Da wird man demütig.

Bei welcher Gelegenheit darf Wein nicht fehlen und was ist das für ein Wein?

Weißwein! Beim Essen und wenn Du mit Freunden zusammensitzt, darf Wein nicht fehlen. Es ist ein so schönes und stilvolles Getränk. Bei Bier brütet man in gebückter Haltung über dem Glas. Wein hingegen beflügelt den Geist und die Kommunikation. Das ist etwas Tolles!

FONGYEE WALKER
MASTER OF WINE

Fongyee begann sich schon während ihres Studiums der klassischen, chinesischen Literatur an der Eliteuniversität Cambridge mit Wein zu beschäftigen. Sie wurde Kapitän des Blindverkostungsteams, das sie 2004 zum Sieg gegen das Team aus Oxford führte. Im Jahre 2007 zog es sie zusammen mit ihrem Mann Edward Ragg nach Peking, China, wo sie gemeinsam die Dragon Phoenix Wine Consulting Company gründeten. Sie unterrichtet unzählige Weininteressierte und Weinfachleute in ganz China, ist beratend tätig und spricht unter anderem fließend Englisch und Mandarin. Sie ist Jurymitglied in zahlreichen Wettbewerben und ist gefragte Kommentatorin beim Sender CNN, wenn es um das Thema chinesischer Wein geht. Außerdem schreibt sie für renommierte Fachzeitschriften wie Decanter oder World of Fine Wine und sucht die Weine bei der Fluglinie Air New Zealand aus. Seit 2016 darf sie sich Master of Wine nennen.

Sie gelten als eine der Weinpionierinnen in China. Was lieben Sie am meisten an Ihrer Arbeit?
Eigentlich alles – nur nicht, dass ich immer viel zu viel Arbeit habe. Ich liebe es, meine Studenten zum Nachdenken zu bringen. Dass sie Weine verkosten, die sie vorher noch nie im Glas hatten. Mir gefällt es, Menschen mit neuen Ideen und Denkweisen vertraut zu machen. Das ist einfach fantastisch.

Hatten Sie nicht auch manchmal Zweifel?
Nein. Ich wusste, dass ich diese Arbeit mag. Ich verzweifle nur manchmal an der chinesischen Bürokratie, aber das ist was anderes.

Wie wird Wein in China wahrgenommen?
Als ich vor zehn Jahren hier ankam, war Wein eigentlich ein großes Statussymbol. Ein Symbol, das für Luxus, Weltgewandtheit, westliche Lebensart und Modernität stand und immer noch steht. Hier waren alle fixiert auf große Marken. Das ändert sich so langsam. Wein wird mehr und mehr als Genussmittel wahrgenommen. Etwas, das man mit seinen Freunden teilt und genießt. Es gefällt den Menschen hier, wenn sich neue Geschmackswelten auftun.

Sie kennen jetzt Kultur und Gepflogenheiten in Europa und Asien – gibt es Unterschiede in Geschmack und Vorlieben?
Ja, natürlich. Ich will Ihnen ein Beispiel geben. In der chinesischen Kultur legt man großen Wert darauf, mit Freunden gemeinsam essen zu gehen. Man würde nie auf die Idee kommen, einfach nur in eine Bar zum Trinken zu gehen – ohne etwas miteinander zu essen. Allein die Vorstellung erscheint vielen meiner Landsleute als völlig abstrus und abwegig. Mit seinen Freunden teilt man Essen und Wein. Das hat natürlich Einfluss darauf, welche Weine konsumiert werden. Das war auch ein Grund, warum so prestigeträchtige Bordeaux wie Château Lafite Rothschild so erfolgreich wurden. Denn wenn man eine Flasche Wein mitbringt, bei der jeder weiß, dass die teuer war, gewinnt man an »Gesicht«, wie man hier sagt. Wer einen Wein mitbringt, der niemandem schmeckt, und den alle für billig halten, verliert sein Gesicht. Also will jeder eine besondere Flasche Wein mitbringen und strengt sich dementsprechend an. Ebenso gibt es große Unterschiede in Geschmacksvorlieben, die vor allem mit den unterschiedlichen Küchenstilen in China zusammenhängen. In der Provinz Guangdong kocht man eher leicht und wenig

gewürzt, hier liebt man duftige Weißweine. Während es die Genießer in Dongbei so richtig kräftig mögen. Ein australischer Shiraz mit 16 Prozent Alkohol zu einem üppigen Gericht – kein Problem! In anderen Regionen liebt man sehr scharfe Gerichte und trinkt dazu einen kräftigen Rotwein, der die Schärfe noch verstärkt. Es gibt große Unterschiede innerhalb Chinas.

In Sachen Geschmack und Umgang mit Wein – ticken chinesische Männer anders als die Frauen?

Es ist wie überall – wo Frauen sind, gibt es weniger Probleme ... (lacht). Was viele vergessen: In China haben Frauen eine sehr starke Position innerhalb der Familie. Sie sind meistens für die gesamten Finanzen verantwortlich. Außerdem sind die jungen Frauen sehr gut ausgebildet und in Führungspositionen angekommen. Es gibt hier viele starke und einflussreiche Frauen, die eine Vorbildfunktion haben. Diese Frauen genießen lieber Wein, während die traditionellen Männer in Führungspositionen immer noch gerne Spirituosen trinken, um Stärke zu zeigen: »Hey, ich bin ein Mann! Ich vertrage was!« Frauen hingegen sind sehr bedacht darauf, ihre Weltgewandtheit, ihren Einfluss, ihre Kaufkraft und ihren sozialen Rang zu präsentieren. Das geht mit der richtigen Weinauswahl. Es sind diese Frauen, die meine Einsteigerkurse regelrecht stürmen. Ich habe oft Klassen, in denen fast nur Geschäftsfrauen sitzen, die alle top ausgebildet sind und zudem an Wein interessiert. Auch, weil es ihnen einen spannende neue Facette in ihrem Leben eröffnet.

Was war Ihre schönste Erfahrung in der Weinwelt?

Ach – da gibt es so viele. Ein Ereignis fällt mir ein. Das war vor ein paar Jahren, als ich in China 180 Studenten an einer Universität einen Basiskurs über Wein gegeben habe. Die hatten noch nie in ihrem Leben Wein verkostet und mussten sich durch drei verschiedene Weine probieren. Es war so toll zu sehen, mit welcher Neugierde und Offenheit die das gemacht haben. Wie sehr sie rausfinden wollten, was ihnen wirklich schmeckt. Das war einfach großartig zu sehen.

Haben Sie auch mal unschöne Erfahrungen in der Weinwelt gemacht?

Ja – in Cambridge. Mein Mann hatte mich mehr als ein Jahr lang gedrängt, doch beim Blindverkostungsteam in Cambridge mitzumachen. Ich konnte damals gut verkosten, hatte aber kein Wissen über Regionen, Rebsorten oder dergleichen. Da gab es dann so einen Schnösel, der mich richtig bloßgestellt hat. Ich wusste nicht, dass Sancerre aus der Rebsorte Sauvignon Blanc gemacht wird. Das hat mich richtig geärgert. Also bin ich wiedergekommen, habe viel dazugelernt, und bin nach einem Jahr als beste Blindverkosterin die Vorsitzende des Teams geworden. (lacht)

Bei welcher Gelegenheit sollte ein Glas Wein nicht fehlen?

Am meisten brauche ich ein Glas Wein, wenn ich mit meinen Freunden in Guangzhou essen gehe. Das Essen ist so scharf, da brauche ich entweder einen Muskateller oder noch lieber einen lieblichen Riesling Kabinett. Fruchtige Rieslinge liebe ich sowieso! Die passen zu den meisten chinesischen Gerichten.

Welchen Wein würden Sie denn auf die einsame Insel mitnehmen? Einen lieblichen Riesling Kabinett?

Ja, klar! Das ist ein Wein, den ich mein ganzes Leben lang trinken könnte. Leicht und mit wenig Alkohol kann ich den zum Mittagessen, am Nachmittag, zum Abendessen trinken oder kurz vor dem Schlafengehen. Ich trinke diesen Wein, wenn ich Verlangen nach etwas Süßem habe, das mich entspannt. Es ist ein Wein, der sogar zu Kartoffelchips und Popcorn passt – so etwas esse ich immer, wenn ich den Spätfilm gucke.

LENA ENDESFELDER
DEUTSCHE WEINKÖNIGIN 2016/2017

Die 23-jährige Winzerin hat das Studium Bachelor of Science Weinbau und Oenologie in Geisenheim erfolgreich abgeschlossen und bewirtschaftet seither gemeinsam mit Mutter und Schwester das eigene Weingut in Mehring an der Mosel. Im September 2015 wurde sie zur Deutschen Weinkönigin 2016/2017 gewählt. Ein Amt, das es seit fast 70 Jahren gibt, und das stets von engagierten, selbstbewussten und jungen Frauen ausgeübt wurde. Als Repräsentantinnen des deutschen Weins bereisen sie alle Kontinente, sind Gast bei den Großen der Welt und begeistern durch Fachwissen und Charme. Für die jungen Frauen ist das Amt eine großartige Möglichkeit, internationale Erfahrung zu sammeln, über den Tellerrand zu blicken und ein weit gespanntes Netzwerk für die zukünftige Karriere in der Weinwelt zu spannen. Wenn Lena neben den jährlich ca. 200 Terminen im In- und Ausland sowie Arbeit auf dem Weingut noch Zeit bleibt, betreibt sie Volks- und Showtanz, geht schwimmen oder fährt Fahrrad und Inliner.

Lena, wie wird man Weinkönigin?
Zuerst wird man Ortsweinkönigin, da gibt es noch keine großen Wahlkriterien. Dann gibt es die Königin der Verbandsgemeinde und dann die Gebietsweinkönigin. Hier muss man sich wie für eine Arbeitsstelle bewerben – Vorstellungsgespräch inklusive. Vorher durchläuft man eine Art Ausbildung. Dazu gehört, wie man mit Medien umgeht sowie Farb- und Stilberatung. Als Gebietsweinkönigin nimmt man an dem Wettbewerb für die deutsche Weinkönigin teil. Hier treten die Repräsentantinnen aller 13 deutschen Anbaugebiete zusammen und müssen verschiedene Aufgaben lösen. Eine Fachjury wählt dann daraus diejenige, die die deutsche Weinwirtschaft für ein Jahr vertreten darf.

Warum wolltest Du Weinkönigin werden?
Bei mir hat es mit 18 angefangen. Da wurde ich Ortsweinkönigin und das hat mir sehr viel Freude gemacht. Ich habe viele Feste besucht und war unterwegs. Dann wollte ich einfach weitermachen. Und es hat geklappt!

Du hast an der renommierten Fachhochschule Geisenheim Weinbau studiert. Hilft Dir das bei Deinen Aufgaben als Deutsche Weinkönigin?
Ja und nein. Einerseits kann man einem Fachpublikum sehr schnell spezifische Dinge in Weinbau oder Kellertechnik erklären, andererseits muss man sich immer vor Augen führen, dass Endverbraucher meistens nicht so tief mit dem Thema vertraut sind. Da muss man aufpassen, dass man an falscher Stelle nicht zu sehr fachsimpelt und einen keiner mehr versteht.

Weinkönigin – wird das nicht manchmal belächelt?
Ganz oft! (lacht) Die Spötter würde ich dann ganz gerne auf einen Termin mitnehmen. Man denkt ja oft, wir wären so eine Art Schönheitskönigin. Aber wir müssen ganz viel über die deutsche Weinwirtschaft wissen. Wir müssen Fachfragen beantworten, Statistiken kennen und Menschen für Wein begeistern können. Da steckt viel mehr dahinter, als einfach nur nett in einem hübschen Kleid auszusehen.

Wie kann man sich Deinen Alltag vorstellen?
Wie bei vielen, erst einmal E-Mails und die Post checken. Ich bekomme ganz viel Fanpost mit Anfragen nach Autogrammkarten. Die will ich natürlich persönlich beantworten. Aber es gibt auch viele Einladungen und Anfragen, welche Termine ich wahrnehmen soll sowie Interviewanfragen. Dann geht es oft ans Koffer packen und Termine-wahrnehmen. Das können Verkostungen im In- und Ausland sein, ich überreiche Auszeichnungen, halte Eröffnungsreden, gebe Seminare oder leite Verkostungen. Jeden Tag etwas Neues – langweilig wird es da nicht.

Reist Du auch viel ins Ausland?
Ja, klar. Im Juni bin ich zehn Tage in Hongkong und jetzt komme ich gerade aus Kanada. Das ist schon aufregend, und die Kanadier waren ganz begeistert von der Idee, dass es eine Weinkönigin gibt. Die sagten mir: »Wow! Wine Queen – that's a big deal!«

Du hast ja auch ein Weingut an der Mosel. Wie war es, als Frau die Ausbildung zu machen und den Betrieb zu übernehmen?
Ich kann nicht wirklich was Negatives sagen. Ich werde hier von meinen Kollegen respektiert und meine Weine von den Kunden angenommen. Was mir manchmal auffällt, dass viele meinen, man würde die Arbeit gar nicht selber machen. Die schauen einen dann mit großen Augen an, wenn ich mit Gummistiefeln aus dem Keller komme.

Gibt es an der Mosel viele Frauen, die Weingüter leiten?
Es gibt die eine oder andere, aber bislang ist der Männeranteil höher. Aber wir haben einen guten Austausch mit allen. Und ehrlich gesagt, brauchen uns die Männer. Schließlich sind wir es, die zu den Verkostungen was Richtiges zum Essen mitbringen! (lacht) Spaß beiseite – wir begegnen uns hier alle auf Augenhöhe.

Würdest Du Dich heute wieder für die Weinbranche entscheiden, wenn Du noch einmal die Wahl hättest?
Ja – weil es eine große Familie ist. Die ganze Familie entwickelt sich immer weiter und man nimmt aktiv daran teil. Das ist ein tolles Gefühl und sehr bereichernd.

Machen Frauen andere Weine?
Keine Ahnung – das finde ich schwierig. Kann ich so nicht sagen.

Was war das schönste Erlebnis in der Weinwelt?
Es gibt so viele schöne Erlebnisse, da habe ich Schwierigkeiten, mich zu entscheiden. Mich haben die Antrittsbesuche als Weinkönigin sehr berührt.

Warum sollten unsere Leserinnen deutschen Wein trinken?
Weil sie für jeden Geschmack den perfekten Wein finden und das, obwohl wir global gesehen ein Weinbau-Winzling sind. Frankreich, Italien, Spanien – alle erzeugen viel mehr Wein als wir, aber wir bieten in unseren 13 Weinanbaugebieten von der Ahr bis Baden eine enorme Vielfalt. Das sollten sich unsere Leserinnen nicht entgehen lassen!

Welche Rebsorten faszinieren Dich am meisten in Deutschland?
Das kommt ganz auf die Laune an. Auf Weinfesten trinke ich Riesling feinherb, beim Burgunder fasziniert mich der Ausbau im neuen Holzfass und Sauvignon Blanc finde ich auch klasse. Man sollte neugierig bleiben und offen!

Feinherber Riesling – hat der nicht ein schlechtes Image?
Ach dieses »Trocken-Dogma« sollte man vergessen. Ich sehe das bei meinen Kunden, die mir sagen »Ich trinke trocken!«, und dann schenke ich ihnen einen feinherben Riesling ein. Und sie sind ganz begeistert von dem Spiel zwischen Süße und Säure, der harmonischen Art und dass diese Weine über weniger Alkohol verfügen.

Bei welcher Gelegenheit darf ein Glas Wein auf gar keinen Fall fehlen?
Auf unserem Weinfest! Da gibt es jedes Jahr ein großes Zelt und eine Weinkarte mit 20 Weinen aus dem Ort, die durchprobiert werden können. Dann wird gefeiert und die ganze Nacht hindurch getanzt! Übrigens, da ist jeder eingeladen, in die verschiedenen Weinbauregionen zu den Weinfesten zu kommen. Einfach im Internet auf www.deutscheweine.de den Veranstaltungskalender durchsuchen und los geht's. Eine Fahrt in eines unserer schönen Weinbaugebiete ist sowieso immer eine gute Idee!

MARGARETH HENRIQUEZ
CEO VON KRUG

Margareth Henriquez, besser bekannt als Maggie, hat in Harvard Management studiert. Seit über 27 Jahren sammelt sie Führungserfahrung in verschiedenen multinationalen Konzernen in Venezuela, Mexiko, Argentinien und jetzt in Frankreich. Ihre Spezialität ist es, Strategien zu entwickeln, um Unternehmen erfolgreich durch Krisen zu führen. Während ihrer Zeit in Mexiko war sie Professorin für Produktentwicklung und internationale Märkte an der Universidad Panamericana. Bereits in Südamerika hat sie für den Luxuskonzern LVMH (Moët Hennessy – Louis Vuitton) gearbeitet, dem dort mehrere Weingüter gehören. So kam sie im Jahr 2009 dazu, nach Frankreich zu ziehen, um dort für LVMH die Geschicke von Krug, einem der prestigeträchtigsten Champagnerhäusern, zu leiten, das durch die internationale Finanzkrise in schweres Fahrwasser geraten war. Maggie hat zwei Kinder und Enkelkinder, und wenn es ihre Zeit zulässt, macht sie Sport, reist gerne und liebt Kunst und Musik.

Sie haben mehrere multinationale Konzerne geleitet. Was ist Ihrer Meinung nach die wichtigste Führungseigenschaft, um einen großen Betrieb erfolgreich zu leiten?
Eindeutig Kommunikation. Man muss sicherstellen, dass jeder im Unternehmen die gleiche Information und Botschaft erhält. Ich gebe ihnen ein Beispiel. In Mexiko war ich für mehr als 3000 Mitarbeiter verantwortlich, die in drei Schichten gearbeitet haben. Also habe ich mehrere Treffen mit meinen Mitarbeitern organisiert. Eines um 2 Uhr und 6 Uhr morgens und dann eines am Nachmittag, als die letzte Schicht ankam. Danach bin ich in den Norden des Landes geflogen, wo wir eine zweite Produktionsstätte betrieben, um dort mit den Mitarbeitern zu sprechen. Das war vor allem in Krisenzeiten sehr wichtig, wenn bei den Mitarbeitern viel Unsicherheit da ist. Wenn es eine gute und empathische Kommunikation gibt, man Sorgen ernst nimmt und erklärt, wohin wir wollen, und wie wir das zusammen anpacken, dann ist Kommunikation ein großartiges Werkzeug. Ohne gute Kommunikation gibt es keinen Erfolg.

Sind Frauen besser, wenn es um Kommunikation geht?
Ich glaube, dass man diese Fähigkeit entwickeln und trainieren kann. Ich hatte einen Mitarbeiter, der sehr schüchtern war, und einfach keinen Eindruck hinterließ. Heute ist er ein wunderbarer Redner, weil er sich schulen ließ.

Sie haben das prestigeträchtige Champagnerhaus Krug im Jahre 2009 übernommen, inmitten der größten Finanzkrise. Was hat Sie an der Aufgabe gereizt?
Ich bin im Januar 2009 angekommen, inmitten der Finanzkrise, aber auch, als das Haus Krug in Schwierigkeiten war. Eine Krise legt zuerst die Schwächen eines Unternehmens offen. Wenn Sie ein gesundes Unternehmen haben, dann spüren Sie eine Krise, überstehen diese aber ohne Probleme. Aber wir waren kein gesundes Unternehmen. Für mich war das nichts Neues, schließlich habe ich mehrere Krisen in meiner Zeit in Südamerika durchlebt. Krisen muss man als Chance begreifen. Dann eröffnet sich die Möglichkeit, neue Wege zu gehen. Wir haben die Krise genutzt, um uns wieder auf unsere Wurzeln zu besinnen. Auf das, was uns der Gründer Joseph Krug vor über 170 Jahren vorgegeben hat. Je besser man die Geschichte so eines traditionsreichen Betriebes versteht, umso besser kann man die

Zukunft meistern. Außerdem ist in der Krise jeder offen für Veränderung. All das hat uns geholfen Krug wieder auf Kurs zu bringen.

Was haben Sie verändert? Das Produkt oder nur die Kommunikation?
Das Produkt haben wir nicht verändert, sondern verbessert. Ich will Ihnen ein Beispiel geben. Als ich ankam, reiften die meisten Champagner fünf bis sechs Jahre auf der Hefe. Das war mir zu kurz. Nachdem wir durch die Krise auf größeren Beständen saßen, haben wir entschieden, die Lagerzeit auf sechs bis sieben Jahre zu erhöhen. Das merken Sie den Champagnern sofort an. Sie sind dann noch feinperliger und der Geschmack ist komplexer. Wir haben also das Produkt nicht verändert, sondern die Schönheit der Erfahrung maximiert. Dabei waren viele Dinge, die wir verbessert haben, nichts anderes, als sich auf die Gründungsideen von Jospeh Krug zu besinnen, der nur Prestigechampagner bereiten wollte. Gleichzeitig haben wir unseren Kunden zugehört, und auch ich habe mich gefragt, was will ich wissen, wenn ich 160 Euro für eine Flasche Champagner ausgebe? Dann ist wichtig zu wissen, dass es 20 Jahre dauert, bis eine Flasche Krug fertig ist. Wie viele Menschen involviert sind, dass jede Edition einzigartig ist und so weiter. Dann sage ich »Wow! Das ist großartig!« Wir haben im Prinzip die ganze Kommunikation verändert.

Frankreich ist ja ein sehr traditioneller Markt. Da spricht man lieber nebulös über »Terroir« als offen darüber, wie ein Wein bereitet wird. Mussten Sie erst Überzeugungsarbeit leisten?
Ja, natürlich. Viele Mitarbeiter hat das zunächst verunsichert. Aber wie gesagt, in der Krise sind alle offen für Veränderung und der Erfolg hat dann alle überzeugt.

War das nicht manchmal auch schwierig als Frau, noch dazu als Nicht-Französin, die Leitung von Krug zu übernehmen?
Ich muss sagen – ja ... Meine 30 Jahre Berufserfahrung, bevor ich nach Frankreich gekommen bin, haben mir ein bisschen geholfen. (lacht) Allerdings bezieht sich das nicht auf das Haus Krug selber. Wir gehören zu LVMH, einem international agierenden Konzern, in dem ich auch schon vorher gearbeitet habe. Dort hat man mir immer sehr viel Respekt entgegengebracht. Ich denke, dass die französische Kultur auf Rationalität begründet ist und wir Frauen doch eher mit unseren Gefühlen verbunden sind. Da kann es schon mal zu Irritationen kommen.

Die Geschichte der Champagne ist geprägt von starken Frauen wie Madame Clicquot, Pommery oder Lily Bollinger. Sind diese Frauen eine Inspiration für Sie?
Natürlich sind diese Frauen bewundernswert. Ich persönlich bin seit 2016 Mitglied in einem Frauenverbund, der sich »La Transmission« nennt. Hier versammeln sich Frauen in Führungspositionen aus der Champagne mit dem Ziel, junge Frauen für unsere Branche zu begeistern. Wir wollen inspirierende Frauen ermuntern, in der Welt des Champagners Führungspositionen zu übernehmen. 70 bis 80 Prozent unserer Konsumenten sind nämlich weiblich, also schadet es nicht, wenn mehr Frauen die Geschicke in der Champagne leiten.

Wie würden Sie Luxus definieren?
Luxus ist immer mit einer Person verbunden. Jemand, der über die Grenzen hinaus will, um etwas zu kreieren, was es so noch nicht gegeben hat. Innovation ist deshalb so unglaublich wichtig für eine Luxusmarke, wie wir eine sind. Luxus ist ein Licht, das den anderen den Weg ausleuchtet. Wer Luxus kreiert, kann kein Nachmacher sein, er muss vorausgehen.

Sie arbeiten für den Luxuskonzern LVMH, für den auch viele berühmte Designer fantastische Mode kreieren. Mit welchem Designer würden Sie Ihren Kellermeister vergleichen, der jedes Jahr aufs Neue Champagner für Krug kreiert?
Unbedingt mit Christian Dior. Denn bei Dior geht es darum, die Schönheit der Frauen zu betonen – ihre Figur und ihre Form. Im übertragenen Sinne trifft das auf unseren Kellermeister zu, der jedes Jahr aufs Neue durch das Verschneiden von verschiedenen Weinpartien die Schönheit der Champagne ins Glas bringt.

Was lieben Sie am meisten an Ihrem Job?
Krug ist ein Juwel. Die Aufgabe, dieses Juwel wiederzuentdecken und zum Leben zu bringen, macht mich sehr glücklich.

Was war Ihre schönste Erfahrung in der Weinwelt?
Mein Mann hat mich in ein wunderbares Restaurant in Paris ausgeführt. Es war gerade Trüffelsaison, und wir genossen einen Krug Jahrgang 1998 mit einem fantastischen weißen Trüffelsoufflé. Das war das schönste Erlebnis in einem Restaurant, das ich jemals hatte.

Bei welcher Gelegenheit darf Champagner nicht fehlen?
In jedem guten Moment. Natürlich muss auch ich die meiste Zeit diszipliniert sein. Wenn ich abends mit meinem Mann esse, dann trinken wir meistens Wasser dazu. Aber wenn es einen guten Moment gibt, den man teilt, sich entspannt, sich über etwas freut, dann sollte es Champagner geben. Vor allem richtig guten Champagner. Lieber weniger trinken, dafür gut. Das ist meine Devise.

Margareth Henriquez

SARAH HENKE
KÖCHIN

Sarah Henke wurde 1982 in Südkorea geboren und ist in Deutschland aufgewachsen. Sie ergriff nach dem Abitur die Ausbildung zur Köchin. Anschließend folgten Stationen im Schlosshotel Lerbach sowie in Portugal, bevor sie 2006 zu Drei-Sterne Koch Sven Elverfeld in das Restaurant »Aqua« im The Ritz-Carlton, Wolfsburg, wechselte. 2011 bis 2014 war Sarah Henke Küchenchefin des Restaurants »Spices« im A-ROSA Sylt und überzeugte ihre Gäste mit asiatischen Interpretationen regionaler Produkte. Für das Jahr 2014 erkochte sie sich einen Michelin-Stern und 16 Punkte im Gault&Millau. Damit gehört sie zu den besten Köchen Deutschlands. Aktuell kocht sie im »Yoso« in Andernach ihre charakteristische Vier-Elemente-Küche zu Feuer, Wasser, Luft und Erde.

Frau Henke, wie kam der Wunsch, Köchin zu werden?
Eigentlich kam der Wunsch auf Umwegen. Meine Eltern bewohnten ein ehemaliges Forsthaus mit großem Grundstück und haben als Hobby gegärtnert und Nutztiere wie Kühe und Schafe gezogen. Ich bin von klein auf mit gesundem Essen groß geworden und dem Bewusstsein, dass eine gemeinsame Mahlzeit am Tag wichtig für den Familienzusammenhalt ist. Nachdem dann mein Abitur nicht so gut war, um Tierärztin zu werden, habe ich Köchin gelernt, und zwar in dem Betrieb, in dem ich schon während der Schule immer ausgeholfen hatte, um mir etwas dazuzuverdienen. Das lag einfach nahe. Dann hat mir das Leben in der Gastronomie so viel Spaß gemacht – dieses Familiäre und im Team arbeiten – dass ich dabeigeblieben bin.

Ist es als Frau in der Küche nicht hart, in so einer Männerwelt?
Diese Frage wird mir oft gestellt. Es ist schwierig zu sagen, ob ich es leichter oder schwerer hatte. Ich kann jedenfalls nichts Negatives sagen. Meines Erachtens kommt es auch auf die Person selber an. Wie gibt sich jemand im Team, stellt sich jemand immer in den Vordergrund oder ist launisch oder zickig. Ich bin ein recht ausgeglichener Mensch und bin immer gut klargekommen. Ich denke, es kommt vor allem auf die richtige Einstellung zum Beruf an. Ehrgeiz und Durchhaltevermögen sind wichtig, dann kann man auch in einer vermeintlichen Männerwelt alles erreichen.

Es herrscht ja oft ein harscher Umgangston in der Küche. Sind da Frauen andere Chefinnen?
Mir ist das Team unheimlich wichtig. Ich will, dass alle gerne zusammenarbeiten. Ich selbst habe immer Wert darauf gelegt, dass nicht so ein rauer Umgangston herrscht. Allerdings gibt es auch Chefinnen, die das genaue Gegenteil davon sind. Man kann diese Dinge nicht unbedingt am Geschlecht festmachen.

Hat man es als Frau leichter, Aufmerksamkeit in der Branche zu bekommen?
Bei mir kommen da mehrere Faktoren zusammen. Erstens bin ich eine Frau in der Küche, von denen es noch nicht so viele gibt. Dann kommt mein Kochstil dazu. Dass ich asiatisch koche und auch noch so aussehe, macht es einfach interessant, über mich zu berichten. Vielleicht spielt auch meine persönliche Geschichte eine Rolle. Ich bin in Südkorea geboren und adoptiert worden. Den asiatischen Küchenstil habe ich mir aus Interesse selber angeeignet.

Haben Sie Asien viel bereist?
Nein, leider nicht. Ich war im Jahr 2013 das erste Mal in Asien. Das war in Thailand. Für mich war es sehr interessant zu sehen, welche Rolle das Essen dort spielt. Es ist viel wichtiger als in Europa. Mit der Familie essen wird dort als Ritual zelebriert. In Thailand gibt es diese Nachtmärkte, dort sitzen die Familien am Tisch, der Älteste verteilt das Essen und alles steht voller Kleinigkeiten, die probiert werden können. Ein täglicher Luxus im Alltag. Das hat mich sehr beeindruckt.

Wie wichtig ist der Wein in Ihrem Restaurant?
Der spielt eine sehr wichtige Rolle. Andernach liegt am Rhein, und zur Mosel ist es nicht mehr weit. Wir wollen natürlich auch die Winzer um uns herum unterstützen. Der passende Wein gehört zu einem guten Essen einfach dazu. Allerdings wissen viele Gäste bei uns nicht, worauf sie sich geschmacklich einlassen. Da ist es wichtig, dass der Restaurantleiter eine Anleitung bei der Weinauswahl geben kann. So passen scharfe Gerichte eher zu fruchtigen Weißweinen. Wenn jemand gerne Rotwein trinkt, kann das kontraproduktiv sein. Denn die Tannine im Rotwein verstärken die Schärfe noch zusätzlich. Viele unserer Gäste begeben sich daher gerne in die Hände unseres Restaurantleiters, folgen seinen Empfehlungen und finden es dann ganz spannend, wie gut eine fruchtige Auslese zum Hauptgang passen kann.

Wow – süße Auslesen! Haben nicht manche Gäste sehr große Vorurteile, wenn es um süße Weine geht?
Es gibt einen Unterschied zwischen süß und süß. Wenn der Winzer den Wein so macht, dass die Restsüße da ist, aber andere Aromen nicht übertüncht werden, und eine gewisse Säure für Spannung sorgt, spricht da nichts dagegen.

Liegt der Schwerpunkt Ihrer Weinkarte dann auch auf Deutschland mit seinen fruchtigen Rieslingen von Rhein und Mosel?
Wir haben auch Weine aus Frankreich, Österreich oder Südafrika. Der Schwerpunkt liegt allerdings auf deutschen Weinen.

Haben Sie eine Lieblingskombination? Ein Gericht und dazu ein Wein, bei dem Sie so richtig dahinschmelzen?
Aus unseren Elemente-Menüs gibt es eine großartige Kombination. »Rind & Erdnuss«, wir servieren ein lauwarmes Rindercarpaccio mit Sesamspinat und Erdnusscreme. Dazu passt der Riesling Kabinett 2014 aus der Lage Saarburger Rausch, Weingut Forstmeister Geltz Zilliken hervorragend. Die Marinade des Carpaccios ist etwas schärfer abgeschmeckt, das wird aber sehr gut durch die Fruchtsüße des Rieslings aufgefangen.

Auf Rückenetiketten steht manchmal »Passt zu asiatischen Gerichten« – was sagen Sie dazu?
Es gibt nicht die asiatische Küche. Die japanische Küche stellt die Qualität des Produktes in den Vordergrund und man würzt ganz wenig. In der koreanischen Küche wird viel mariniert und gewürzt. In Thailand spielt man mit der Schärfe, und in Vietnam sind Limetten und Fischsaucen wichtig. Das sind so viele Aromen und Unterschiede, dass man das nicht verallgemeinern kann. Es gibt ja auch keine Etiketten, die sagen »Passt zu europäischen Gerichten«.

Was war das schönste Erlebnis mit Wein?
Es gab unzählige schöne Momente mit Freunden. Aber ein Erlebnis ist mir besonders in Erinnerung geblieben, 2010 war ich mit meinem heutigen Verlobten im Restaurant »Aqua« essen, dort haben wir beide zusammengearbeitet und uns auch kennengelernt. Zu einem Gang wurde uns eine Spätlese von Joh. Jos. Prüm – Wehlender Sonnenuhr serviert. Der hat mir so gut geschmeckt, dass ich immer mal wieder auf der Weinkarte danach stöbere und eine Flasche bestelle, wenn wir kulinarisch unterwegs sind.

Gibt es etwas, was Sie in der Weinwelt total nervt?
Genau wie beim Essen nervt es, wenn man nicht offen für Neues ist. Es bleibt nur spannend und interessant, wenn man neue Kombinationen ausprobiert.

Bei welcher Gelegenheit darf Wein nicht fehlen?
Wenn man mit guten Freunden zusammen ist. Und wenn man bewusst essen geht, sollte der passende Wein dazu nicht fehlen. Ich trinke gerne Weißwein, und es darf ruhig einer mit etwas Restsüße sein.

SUSANNE WOLF
VORSITZENDE VON »VINISSIMA«

Susanne Wolf ist Jahrgang 1985 und stammt aus seinem Familienweingut in der Region Hessische Bergstraße. An der Hochschule Geisenheim hat sie internationale Weinwirtschaft studiert. Nach ersten beruflichen Erfahrungen, unter anderem beim deutschen Weinbauverband, übernahm sie beim renommierten Verband Deutscher Prädikatsweingüter (VDP) die Veranstaltungsorganisation. Im Juni 2016 hat sie ehrenamtlich den Vorsitz des Vereins »Vinissima Frauen & Wein e.V.« übernommen. Ein Verein, der 1991 aus der Erkenntnis heraus gegründet wurde, dass Frauen in der Weinbranche unterrepräsentiert waren. Ebenso war der Austausch von Wissen und Erfahrungen sowie das persönliche Kennenlernen und die Solidarität unter Frauen wesentlicher Teil des »Vinissima«-Gedankens. »Vinissima« ist ein bundesweites berufsbezogenes und generationenübergreifendes Netzwerk für Frauen, die als Winzerinnen, Önologinnen, Wissenschaftlerinnen, Weinhändlerinnen, Gastronominnen, Sommelières, Journalistinnen oder im Wein-Marketing tätig sind. »Vinissima« fördert den Austausch und die Weiterbildung seiner Mitglieder durch viele Aktivitäten auf Bundes- oder regionaler Ebene.

Du bist in einem Familienweingut aufgewachsen. Sind traditionelle Rollenbilder wie »Mann im Weinberg und Keller – Frau in Büro und Probierstube« immer noch weit verbreitet?
Frauen haben heute die Wahl. Es gibt das, was man als traditionelles Rollenbild bezeichnet, genauso wie die Betriebe, in denen die Frau ganz selbstverständlich im Weinberg steht. Es gibt beides und das Schöne ist, dass sich die Frauen entscheiden können, was sie möchten.

Warum wurde das Frauennetzwerk in der Weinbranche gegründet?
Weil die Weinbranche von Männern dominiert war und teilweise noch ist. Das war vor 25 Jahren noch ausgeprägter. Heute gibt es zwar immer mehr Frauen in der Weinbranche, aber in der Weinbaupolitik sind Männer immer noch in der Überzahl. Die sieben Gründerinnen haben sich deshalb vor 25 Jahren zusammengeschlossen und damit Mut bewiesen. Sie haben das durchgezogen, auch wenn die Idee anfangs eher belächelt wurde. Sie wollten zeigen: »Seht her – Frauen haben eine Stimme!«

Sind Frauen in allen Bereichen der Weinwelt mittlerweile nicht längst selbstverständlich oder muss in manchen Bereichen noch gekämpft werden?
Ein Bereich, in dem wir unterrepräsentiert sind, ist die Weinbaupolitik. Dort haben Frauen oft nur die Zuhörerposition und kein Stimmrecht. Wir von »Vinissima« versuchen, ehrenamtlich an der Lobbyarbeit mitzuwirken. Allerdings ist das nicht einfach, Familie, Beruf und Ehrenamt unter einen Hut zu bekommen. Die Führungspositionen in den Weinbauverbänden sind Vollzeitstellen – und mit Männern besetzt.

Was wird da entschieden?
Da geht es um große Weinbauthemen wie Anbaubegrenzung, EU-Politik oder Regularien. Oft erkennt man den Nutzen an einem langweilig klingenden Thema nicht direkt, doch in vielen Fällen haben diese Entscheidungen große Auswirkung auf kleine Betriebe. Da ist es wichtig, dass wir mit am Tisch sitzen und unsere Sicht der Dinge in die Entscheidungen einfließt.

Würden Frauen oft anders entscheiden?
Ich habe mir das jetzt öfters angesehen und denke, dass wir schneller, effektiver und pragmatischer entscheiden als Männer, bei denen doch oft Politik und vielleicht auch manchmal das Ego eine Rolle spielen. Mehr Frauen in diesem Bereich würden sicherlich guttun. Das sehe ich, wenn ich diese Sitzungen mit den Treffen bei »Vinissima« vergleiche. Wir Frauen entscheiden in der Sitzung und nicht beim Kaffeeplausch vorher. Bei uns werden alle Aspekte offen diskutiert, Lösungen aufgezeigt und dann gemeinsam entschieden. In den Verbänden hat man das Gefühl, dass vor der Sitzung schon alles im Hinterzimmer ausgemacht wurde.

Wie wichtig sind Netzwerke in der Weinbranche?
Ich finde Netzwerke persönlich sehr wichtig, ob im privaten oder beruflichen Bereich. Es ist gut zu wissen, wo ich bei Fragen oder Problemen anklopfen kann, ohne gleich eine Rechnung gestellt zu bekommen. Mir gefällt der unkomplizierte Austausch, dass man sich die Bälle zuspielt. Und die Lust, gemeinsam etwas zu bewegen. Das macht uns schließlich alle stärker.

Sind Frauen nicht auch manchmal »stutenbissig«?
Das Gefühl habe ich bei »Vinissima« nicht. Auch weil wir von Anfang an ausgeschlossen haben, gewerblich tätig zu sein. Wir setzen uns vor allem für die Ausbildung, Weiterbildung und Nachwuchsförderung ein.

Wie wird »Vinissima« denn von außen wahrgenommen?
Leider viel zu wenig! Viele sind überrascht, was wir alles machen. Vor allem für junge Frauen. Wir organisieren Nachwuchspreise und fördern Studenten. Wir unterstützen Frauen in der Ausbildung, damit sie einen noch selbstverständlicheren Platz in der Weinwelt einnehmen.

Was war das schönste Erlebnis mit Vinissima?
Es war toll, als ich nach sechs Jahren im Vorstand zur Vorsitzenden gewählt wurde. Ich dachte erst, ich wäre mit 31 Jahren zu jung dafür. Aber dann habe ich mich vorgestellt und bin gewählt worden. Das hat mir unglaublich viel Selbstvertrauen gegeben. Es ist schön zu wissen, dass einem so viel Vertrauen geschenkt wird und etwas zugetraut wird.

Gab es ein Erlebnis in der Weinwelt, an dem Du gemerkt hast, dass man sich als Frau doch schwerer tut?
Eigentlich nein. Nur manchmal komme ich mir blöd vor, wenn ich erzähle, dass ich in Elternzeit bin. Da wird man schon seltsam angeschaut. »Aha Elternzeit – wie alt ist Ihre Tochter? Ach, schon zwei Jahre!« Ich sage das mittlerweile sehr ungern, obwohl ich total hinter meiner Entscheidung stehe. Ich habe oft das Gefühl, dass das nicht so akzeptiert wird.

Bei welcher Gelegenheit darf Wein nicht fehlen?
Wein geht immer! Vor allem am Geburtstag meiner Tochter – am Heiligen Abend um 10.00 Uhr gibt es ein Glas Sekt. Weil ich mich einfach so freue, dass sie da ist. Außerdem gibt es bei der Vorstandssitzung von »Vinissima« immer ein Glas Sekt, um in Schwung zu kommen. Da entsprechen wir wohl doch ein bisschen dem Klischee ...

YUMI TANABE
JAPANISCHE WEINPIONIERIN

Yumi Tanabe wurde in der Stadt Ikeda in der Präfektur Hokkaido geboren, wo ihr Vater ein Weingut gegründet hatte. Bevor es sie in die Weinbranche zog, studierte sie Mathematik am Tsuda College in Tokyo. Anschließend übersiedelte sie nach New York, wo sie sich zum Thema Wein und Spirituosen ausbilden ließ. Zurück in Japan arbeitete sie zunächst für einen großen Wein- und Spirituosengroßhändler, bis sie 1986 ihre Firma und später die Weinschule »Yumi Tanabe« gründete. Sie schrieb mehrere Bücher und engagiert sich seither für die Weinausbildung in Japan. Im Jahr 2009 verlieh die französische Regierung den Orden »L'ordre du Mérite Agricole«, um ihre Verdienste zur Etablierung der Weinkultur in Japan anzuerkennen. Im Jahr 2013 initiierte sie den internationalen Weinwettbewerb »SAKURA Japan Women's Wine Awards«, bei dem nur weibliche Fachleute als Jurymitglieder die Weine verkosten und bewerten.

Frau Tanabe, Sie gelten als eine der Weinpioniere in Japan – was lieben Sie am meisten an Ihrer Arbeit?
Es ist großartig zu sehen, dass immer mehr Menschen in Japan mehr über Wein wissen wollen und Wein genießen.

Sind Frauen, die Wein genießen, in Japan gesellschaftlich akzeptiert oder gibt es einen Unterschied zu Männern?
Mittlerweile sind sie akzeptiert. Das war nicht immer so.

Wie sieht es in der Weinwirtschaft mit der Gleichberechtigung aus?
Wir Frauen sind immer noch in der Unterzahl. Auch weil viele meiner Landsleute denken, dass jedes Geschäftsfeld, das mit Alkohol zu tun hat, nichts für Frauen sei. Das ändert sich nun langsam.

Wie kam es denn zu der Idee, einen Weinwettbewerb zu organisieren, bei dem nur Frauen in der Jury sitzen – ein Wettbewerb von Frauen für Frauen?
Da gibt es eine Vielzahl von Gründen. Japanische Frauen ziehen Wein jedem anderen alkoholischen Getränk vor. Weil Wein runder und eleganter schmeckt als Spirituosen, die ja sonst gerne in Japan getrunken werden. Bei uns werden über 60 Prozent der Weine in Supermärkten vor allem von Hausfrauen gekauft. Die meisten dieser Frauen haben aber nicht genug Wissen, um aus dem riesigen Angebot eine überlegte Auswahl zu treffen. Da kam mir die Idee, dass eine Weinempfehlung von Frauen für Frauen einfach hilfreich wäre. Zudem haben japanische Frauen einen sehr feinen Gaumen. Das mag auch an unserer puristischen Küche liegen. Darüber hinaus genießen Frauen mehr finessenreiche und harmonische Weine. Denn sie denken eher über die Verbindung von Wein zum Essen nach, während Männer Weine bevorzugen, die wuchtiger und kräftiger sind. Zudem gibt es heute viele ausgebildete, weibliche Sommeliers und Weinexperten. In Japan aber sind in den Restaurants die Verantwortlichen Männer. Auch bei den Importeuren und in den Weingeschäften gibt es viele weibliche Fachleute, aber nicht in Führungspositionen. In den meisten Fällen entscheiden Männer, was importiert und verkauft wird, obwohl Frauen mehr Wein kaufen als Männer.
Das alles waren für mich Gründe genug, um einen neuen Weinwettbewerb ins Leben zu rufen, bei dem nur Frauen in der Jury sitzen und Weine auszeichnen, die dem Geschmack japanischer Frauen entge-

genkommen und zur japanischen Küche passen. Außerdem habe ich gehofft, dass diese Veranstaltung den weiblichen Weinfachleuten in Japan mehr Chancen eröffnet, einen guten Job in der Weinwirtschaft zu finden.

Was sind die Ziele des SAKURA-Weinwettbewerbes?

Wir wollen den Weinkonsum in Japan fördern. Derzeit liegen wir bei einem Pro-Kopf-Verbrauch von 3,5 Litern im Jahr. Mein Ziel sind 5 Liter bis zum Jahr 2020. [Zum Vergleich: in Deutschland liegen wir derzeit bei ca. 24 Litern Wein und Sekt pro Kopf und Jahr.] Wir wollen den Weinerzeugern Hilfestellung geben, damit sie verstehen, welche Weinstile in Japan bevorzugt werden. Außerdem wollen wir die Arbeitsplatzsituation für japanische Frauen in der Weinwirtschaft verbessern.

Wie waren die Reaktionen Ihrer Kollegen auf Ihre Idee?

Durchweg positiv. Vor allem Weinerzeuger interessieren sich dafür, weil sie herausfinden möchten, welchen Wein sie auf dem japanischen Markt verkaufen sollten. Weingeschäfte und Weinabteilungen von Kaufhäusern und Supermärkten sind glücklich, weil sie die von uns ausgezeichneten Weine besser verkaufen können. Auch die Reaktion von Kollegen und Weinfachleuten war ermutigend.

Nehmen Sie neben Unterschieden in Geschmacksvorlieben auch Unterschiede im Umgang mit Wein zwischen Frauen und Männern in Japan wahr?

Ich sage ja. Es gibt viele Männer in Japan, die Weinliebhaber und Sammler sind. Oft sehen diese Männer Wein als Hobby und nicht als ein tägliches Getränk. Frauen genießen Wein zu Hause zum Essen und mit Freunden. Frauen wählen Weine zum Essen aus.

Was war Ihre schönste Erfahrung in der Weinwelt?

Geboren und aufgewachsen bin ich in der Weinregion Hokkaido. Mein Vater gründete dort ein Weingut. Als mein Vater im Jahr 2014 verstarb, habe ich als Hommage an ihn selbst einen Wein aus der lokalen Rebsorte Yamasachi erzeugt. Das war eine ganz besondere Erfahrung.

Bei welcher Gelegenheit sollte ein Glas Wein nicht fehlen?

Zu jedem Abendessen gehört ein passender Wein – auch zu Sushi und Tempura!

Welcher Wein sollte auf der einsamen Insel nicht fehlen?

Bordeaux von Château Palmer.

Yumi Tanabe

ANHANG

WEIN UND GESUNDHEIT
FÖRDERLICH ODER SCHÄDLICH?

Dem Weingenuss wird seit jeher eine positive Wirkung auf die Gesundheit nachgesagt. Schon Hippokrates, der Begründer der antiken Heilkunde, empfahl maßvolles Weintrinken für den Erhalt der Gesundheit. Wein wurde damals als Heilmittel eingesetzt, um Wunden zu desinfizieren, Schmerzen zu lindern, Heilkräuter zu mazerieren oder schlichtweg das oftmals nicht so saubere Trinkwasser verwendbar zu machen. Heute gibt es unzählige Studien, die verschiedene positive Gesundheitsaspekte rund um den Weingenuss bejahen. Aber auch einige Studien, die das Gegenteil behaupten. So können die wissenschaftlichen Arbeiten, welche die positive Wirkung von Wein auf das Herz-Kreislauf-System bestätigen, nicht grundsätzlich ausschließen, dass auch andere Faktoren – wie ein gesünderer Lebensstil – das Ergebnis beeinflusst haben. Es gibt aber auch andersherum keine Studien, die belegen, dass der maßvolle Genuss von Wein gesundheitsschädigend ist.

Alkohol ist immer ein Risiko

Was hingegen unbestritten ist, ist das Risiko, das vom im Wein enthaltenen Alkohol ausgeht. Angefangen von Verkehrsunfällen durch Trunkenheit am Steuer, Schädigung von Leber und Gehirn, diverse Krebserkrankungen sowie embryonale Missbildung durch Alkoholkonsum in der Schwangerschaft, bis hin zur Abhängigkeit mit all ihren einhergehenden psychischen und sozialen Problemen. Ein maßvoller Umgang mit Wein ist daher entscheidend, um sich und seinem Umfeld nicht zu schaden.

Die Weltgesundheitsorganisation empfiehlt für Frauen eine maximale Obergrenze von 20 g Alkohol täglich, das entspricht einem Glas von 200 ml Wein. Zusätzlich sollten wir jede Woche zwei alkoholfrei Tage einlegen. Diese Empfehlung gilt natürlich nicht für Minderjährige, schwangere Frauen oder all jene, die Medikamente einnehmen. Diese Frauen sollten völlig auf Alkohol verzichten.

Ein weiterer unbestreitbarer Aspekt ist der Umstand, dass Wein Kalorien enthält. Das ist der Grund, warum man ihn in schlechten Zeiten wegen seiner Nahrhaftigkeit schätzte. Denn ein Glas mit 200 ml trockenem Weiß- oder Rotwein (13 Volumenprozent Alkohol) enthält 150 Kalorien. Wein mit Restsüße sogar noch mehr. Hinzu kommt, dass Wein den Appetit anregt, was zur Folge hat, dass wir mehr essen. Auch das sollte man wissen, wenn man gerade eine Diät macht.

Mein Fazit: Wie bei allen Genussmitteln gilt auch bei Wein immer das Prinzip »Die Dosis macht das Gift«. Ein bewusster Umgang und ein moderater Genuss sind für die Gesundheit entscheidend.

> DER PHENOLGEHALT IM ROTWEIN SOLL EINE ANTIOXIDATIVE SCHUTZWIRKUNG ENTFALTEN

GLOSSAR

Agraffe
Das Drahtgeflecht, mit dem der Korken eines Schaumweines am Flaschenhals fixiert wird.

Alkoholgehalt
Während der Vergärung wandeln Hefen den in den Trauben enthaltenen Zucker in Alkohol, Kohlensäure und Wärme um. Der Alkoholgehalt schwankt je nach Weinart. So haben verstärkte Weine wie Portwein ca. 20 % vol, während ein fruchtiger Riesling Kabinett von der Mosel mit 7,5 % vol Alkohol ausgestattet ist. Alkohol ist für die Stabilität und den Geschmack der Weine besonders wichtig. Die Rauschwirkung und die gesundheitlichen Risiken sind die Schattenseiten des Alkohols (siehe auch Seite 182).

Aroma
Unter Aroma versteht man flüchtige Substanzen, die über die Nase wahrgenommen werden. Im Wein unterscheidet man zwischen Primäraromen – die direkt von der Rebsorte selbst kommen –, den Sekundäraromen – die durch Vergärung und Ausbau etwa in neuen Barriquefässern entstehen –, und den Tertiäraromen, die durch Flaschenreife im Wein gebildet werden.

Auslese
Bezeichnung und Prädikatsstufe im deutschen Weinrecht, mit der Weine aus vollreifen, zum Teil mit Edelfäule befallene Trauben bezeichnet werden. In der Regel verfügen Weine mit dem Prädikat »Auslese« über deutlich Restsüße (→ Restzucker).

Barrique
Eine Fassgröße in Frankreich; in der Regel fassen diese Eichenfässer 225 Liter Inhalt. Werden neue Fässer verwendet, geben diese Aromen von Vanille, Nelken, Kaffee oder Kakao an den Wein ab. Der Ausbau des Weines in diesem relativ kleinen Fass garantiert einen hohen Sauerstoffzutritt, der bei Rotweinen für ein »Weichwerden« der → Gerbstoffe sorgt.

Bocksbeutel
Wird die typische bauchige Flasche genannt, in der nur in Franken und in wenigen Gemeinden in Baden-Württemberg (Neuweier, Steinbach, Umweg und Varnhalt) Wein abgefüllt werden darf.

Brut
Eine Geschmackbezeichnung bei Schaumweinen; diese dürfen maximal 15 g/l → Restzucker enthalten.

Bukett
Das gesamte Aromenspektrum eines Weines.

Bukettrebsorten
Rebsorten, die als Weine ein besonders intensive Aromen entwickeln. Dazu gehören beispielsweise Muskateller, Scheurebe oder Huxelrebe.

Coravin
Ein relativ neues Werkzeug, mit dem es möglich ist, Wein aus einer mit Kork verschlossenen Flasche zu entnehmen, ohne diese zu öffnen. Das entnommene Volumen wird durch Argongas ersetzt. So bleibt der in der Flasche verbliebene Wein vor Oxidation geschützt und kann natürlich weiterreifen. Dieses System ist vor allem für Weinsammlerinnen interessant, die damit vorher testen können, ob ihre Kellerschätze genug Flaschenreife und damit den optimalen Trinkzeitpunkt erreicht haben.

Dekantieren
Dabei wird der Wein in eine Karaffe umgefüllt, mit dem Ziel, eventuell enthaltenes → Depot (bei Rotwein) oder → Weinstein (bei Weißwein) abzutrennen.

Depot
Trübstoffe, die sich während der Reife am Flaschenboden absetzen.

Edelfäule
Wird durch den Pilz *Botrytis cinerea* hervorgerufen. Der Pilz befällt die reifen Trauben und bohrt winzige Löcher in die Beerenschale, wodurch Wasser entweichen und sich der Inhalt konzentrieren kann. Es kommt zu einer Konzentration von Zucker und Säure. Des Weiteren bildet der Pilz Honigaromen und Glycerin, was die hohe Viskosität der Weine aus edelfaulen Trauben erklärt. Weine aus edelfaulen Trauben sind sehr aufwendig in

der Herstellung, verfügen über einen hohen Zucker- sowie Säuregehalt und sind daher nahezu unbegrenzt haltbar.

Eiswein
Bezeichnung und Prädikatsstufe im deutschen Weinrecht, mit der Süßweine aus am Rebstock bei mindestens -7 °C gefrorenen Trauben bezeichnet werden.

Fassausbau
Fass ist die Bezeichnung eines Behälters, der in der Regel aus Eichenholz gefertigt ist. Je nach Art des auszubauenden Weines, aber auch je nach Region, unterscheiden sich die Fassgrößen. Durch die Poren in den Holzdauben, aber auch durch das Spundloch kann Sauerstoff zutreten, wodurch der Reifeprozess des Weines beschleunigt wird. Rotweine bekommen durch den Fassausbau ein harmonischeres Gerbstoffgerüst. Werden neue Fässer verwendet, werden zusätzliche Aromen des Holzes in den Wein eingetragen.

Flaschengärung
Hochwertigste Art der Schaumweinherstellung, bei welcher der Grundwein in der Flasche zum zweiten Mal vergoren wird.

Feinherb
Mit diesem Begriff werden Weine bezeichnet, die mehr als die für → »trocken« erlaubte Restzuckermenge von 9 g/l enthalten, aber noch nicht ausgesprochen süß schmecken.

Fiasco
Traditionelle, mit Bast umwickelte und bauchige Flasche, in der früher vor allem Chianti abgefüllt wurde.

Gerbstoffe
Sekundäre Pflanzenstoffe; sie sind vor allem in Traubenschalen und -kernen enthalten. Sie geben Rotwein seine Farbe und Struktur, verfügen über eine antioxidative Schutzwirkung und sind die Stoffe, die am Gaumen schon mal für ein austrocknendes Gefühl sorgen können.

Gewächs
Ist die deutsche Übersetzung des im Französischen gebräuchlichen Begriffs »Cru«. Mit diesem Begriff werden in der Regel besondere Weine aus erstklassigen Weinbergslagen bezeichnet.

Halbtrocken
Mit diesem Begriff werden Weine bezeichnet, die mehr als die für → »trocken« erlaubte Restzuckermenge von 9 g/l, aber eben auch nicht mehr als 18 g/l Restzucker enthalten.

Hefen
Beim Prozess der Vergärung sind es Hefen, die den im Traubensaft enthaltenen Zucker in Alkohol, Kohlensäure und Wärme umwandeln. Der Winzer kann Most oder Maische mit natürlichen Umgebungshefen vergären oder aber Reinzuchthefen zusetzen.

Hybriden
Hybriden sind Rebsorten, die durch Kreuzung von europäischen Edelrebsorten mit amerikanischen Sorten entstanden sind. Ziel ist es, die Unempfindlichkeit amerikanischer Rebsorten gegen Reblaus und Pilzkrankheiten mit dem noblen Geschmack der europäischen Reben zu verbinden.

Imprägnieren mit Kohlensäure
Um einen Wein frischer und lebendiger wirken zu lassen, kann der Winzer Kohlensäure (CO_2) zusetzen. Günstige Perlweine können mit dieser Methode zum Prickeln gebracht werden.

Jahrgang
Geschmack und Güte eines Weines hängen immer auch von den Witterungsbedingungen des jeweiligen Jahres ab. Besonders in Regionen mit kontinentalem Klima – wie es die deutschen Weinbaugebiete oder das französische Burgund sind –, gibt es von Jahr zu Jahr starke witterungsbedingte Schwankungen. Daher ist für den Weineinkauf aus solchen Gebieten die Jahrgangsangabe besonders wichtig.

GLOSSAR

Jahrhundertwein
Im Marketing häufig verwendete Bezeichnung, um einen guten Jahrgang zu bewerben.

Kabinett
Bezeichnung und Prädikatsstufe im deutschen Weinrecht, mit der Weine aus reifen Trauben, allerdings mit geringerem Mostgewicht bezeichnet werden. In der Regel verfügen Kabinettweine über einen geringeren Alkoholgehalt.

Kapsel
Kapseln umhüllen die Flaschenöffnung und dienen vorwiegend der Werbung und Ästhetik.

Karaffieren
Wein wird in eine Karaffe gefüllt, um ihn durch Sauerstoffzufuhr genussfreundlicher zu machen.

Lagerfähigkeit
Lagerfähigkeit ist ein wichtiges Qualitätskriterium: Dabei unterscheidet man Konsumweine, die ihre Qualität und Geschmack über einen gewissen Zeitraum unverändert behalten, von den noblen Weinen, die durch Flaschenreife an Komplexität und Vielschichtigkeit hinzugewinnen.

Lieblich
Liebliche Weine weisen einen Restzuckergehalt auf, der den für halbtrocken festgelegten Wert von 18 g/l übersteigt, aber höchstens 45 g/l erreicht.

Magnum
Flaschengröße mit 1,5 l Inhalt.

Maische
Das Gemisch aus Traubensaft, -schalen und -kernen. Bei der Rotweinbereitung wird die Maische vergoren, weil Farb- und Gerbstoffe in den Traubenschalen sitzen und so extrahiert werden können. Für Weißweine werden die Trauben zügig gekeltert – daher Saft von Schalen und Kernen getrennt – und der so gewonnene Most vergoren.

Oechsle
In Deutschland verwendete Maßeinheit für das sogenannte Mostgewicht. Das Mostgewicht besagt, um wie viel Gramm ein Liter Most schwerer ist als ein Liter Wasser. So lässt sich errechnen, wie viel Zucker im Most enthalten ist, und daher, wie viel Alkohol im späteren Wein zu erwarten ist. Diese Maßeinheit stammt von einem gewissen Ferdinand Oechsle (1774–1852).

Oechslewaage / Refraktometer
Ein handliches, optisches Gerät, das den Zuckergehalt eines Mostes durch Lichtbrechung anzeigt. Man muss einfach einen Tropfen Traubensaft darauftröpfeln, das Gerät gegen das Licht halten, durchschauen und an der Skala das Mostgewicht ablesen.

Oxidation
Durch Sauerstoffeinwirkung ausgelöste chemische Veränderung von Most, Maische oder Wein.

Perlwein
Schaumwein mit meist zugesetzter Kohlensäure.

Prädikatswein
Weinkategorie für Qualitätsweine, die besondere Anforderungen erfüllen müssen. Prädikatsweine sind Weine mit geschützter Ursprungsbezeichnung – sie müssen über ein entsprechendes Mindestmostgewicht verfügen und dürfen nicht angereichert worden sein.
Die einzelnen Prädikate sind aufsteigend nach Mindestmostgewicht sortiert: Kabinett, Spätlese, Auslese, Beerenauslese, Eiswein und Trockenbeerenauslese.

Prämierung
Ein Wein, der bei einer Verkostung durch seine besondere Qualität aufgefallen ist und ausgezeichnet wurde.

Qualitätswein
Ein im Weinrecht verankerter Begriff, mit der ein Wein mit geschützter Ursprungsbezeichnung deklariert wird, der über ein bestimmtes Mindestmostgewicht verfügt.

Rebsorte
Verschiedene Typen innerhalb einer Weinrebenart.

Reife
Ein Konzept, das für den optimalen Lesezeitpunkt von Bedeutung ist. Reife hängt vom Zucker-, Säure- und Aromengehalt der Trauben ab sowie von der Reife der Phenole (z.B.: Farb- und Gerbstoffe). Wann die optimale Reife der Trauben erreicht ist, hängt vom Weinstil ab, der produziert werden soll. Trauben für Champagner werden deutlich früher geerntet als Trauben, die für die Portweinherstellung bestimmt sind.

Restzucker
Nicht zu Alkohol vergorener Zucker.

Säuregehalt
Summe verschiedener Säuren im Wein (hauptsächlich Wein- und Äpfelsäure); der Säuregehalt hängt vor allem von Rebsorte, Klima und Lesezeitpunkt ab.

Schaumwein
Generische Bezeichnung für Weine, die deutlich Kohlensäure enthalten.

Sommelier, Sommelière
Französische Bezeichnung für Weinkellner bzw. Weinkellnerin.

Spätlese
Bezeichnung und Prädikatsstufe im deutschen Weinrecht, mit der Weine aus reifen Trauben bezeichnet werden, die nach der eigentlichen Hauptlese geerntet werden.

Steillage
Weinberge mit mehr als 30 Prozent Hangneigung.

Süßwein
Unterschiedliche Weine mit hohem Zucker- und unter Umständen auch hohen Alkoholgehalt (Likörweine).

Tannin
Andere Bezeichnung für → Gerbstoff.

Terroir
Ein französischer Begriff, mit dem ein Konzept bezeichnet wird. Demnach beschreibt Terroir die Faktoren Boden, Klima, Rebsorte, Traditionen und Mensch, die den Weingeschmack beeinflussen. Die besten und handwerklich erzeugten Weine tragen eine unverwechselbare Handschrift und erzählen in Duft und Geschmack von ihrem Terroir.

Trocken
Geschmacksbezeichnung mit der Stillweine bis maximal 9 g/l → Restzucker bezeichnet werden. Im Gegensatz zu Schaumweinen, die bei der Bezeichnung »trocken« bis zu 35 g/l Restzucker enthalten können.

Ungeholzt
Wein, der nicht im Holzfass ausgebaut wurde.

Verschnitt
Sachgemäßes Vermischen verschiedener Weine mit dem Ziel, Qualität und Geschmack zu verbessern.

Weinstein
Ist das Kaliumsalz der Weinsäure, das während der Gärung bzw. in der Flasche durch Kälte ausgeschieden werden kann. Diese kristallisierte Ausscheidung mindert weder die Weinqualität noch sind die Kristalle gesundheitsschädlich. Wein mit Weinstein kann daher bedenkenlos konsumiert werden.

DANK
DER AUTORIN

Zu guter Letzt möchte ich mich bei allen bedanken, die mich und den Christian Verlag bei diesem Buchprojekt unterstützt haben.

Für viele großartige Fotos:
Fotograf Peter Obenaus vom Studio Obenaus
Braunstraße 17
50933 Köln
www.studio-obenaus.de

Für die hervorragende Organisation:
Ulrike Borchert-Schrader und Anne Fuchs-Potthoff von Borchert & Schrader
public relations GmbH
Antwerpener Straße 6–12
50672 Köln
www.borchert-schrader-pr.de

Für das perfekte Styling:
Stylistin Katja Winckelmann
Sürther Hauptstraße 83
50999 Köln
www.Hoch2Werk.com

Für die italienischen Weine:
Eberhard Spangenberg von der Garibaldi GmbH
Frohschammerstraße 14
80807 München
www.garibaldi.de

Für die Auswahl an Lambrusco:
Martin Koessler von Gebr. Koessler & Ulbricht GmbH & Co. KG
Nordostpark 78
90411 Nürnberg
www.weinhalle.de

Für die Auswahl spanischer Weine:
Dirk Middendorf von Middendorf internationale Weine
Widdersdorfer Straße 211
50825 Köln
www.middendorf-wein.de

Für die israelischen Weine:
René Salzman von Zag Wines Ltd, Israel
zu beziehen über Vinexus
www.vinexus.de

Für die schönste Kulisse, die beste Champagnerauswahl und den charmantesten Fachhändler in Köln:
Andreas Brensing vom Kölner Weinkeller
Stolberger Straße 92
50933 Köln
www.koelner-weinkeller.de

Meine Lieblingsgläser – die luxuriösen und feinen Kristallgläser von:

Max Freiherr von Schnurrbein von der Kristallglasmanufaktur Theresienthal GmbH
Theresienthal 25
94227 Zwiesel
www.theresienthal.de

Für die perfekt geformten Riedel-Gläser:
Maximilian J. Riedel von Riedel Glas Austria
www.riedel.com

Für den besten Tafelspitz nördlich der Alpen:
Franz Gruber
Gruber's Restaurant
Clever Straße 32
50668 Köln
www.grubersrestaurant.de

Für die ausgezeichnete Auswahl an Bioweinen:
Temma Biomarkt
Rewe Markt GmbH
Stolberger Straße 90
50933 Köln
www.temma.de

Für das leckere Asia-Food:
EatHappy ToGo GmbH
Kaiser-Wilhelm-Ring 13
50672 Köln
www.eathappy.com

IMPRESSUM

Produktmanagement: Sonya Mayer
Umschlaggestaltung, Layout und Satz:
Helen Garner, Art und Weise
Korrektur: Martin Thorn
Redaktion: Regina Wiesmaier
Repro: LUDWIG:media, Zell am See
Herstellung: Barbara Uhlig

Text und Interviews: Romana Echensperger
Fotografie: siehe Bildnachweis

Printed in Slovenia by Neografia

Sind Sie mit diesem Titel zufrieden? Dann würden wir uns über Ihre Weiterempfehlung freuen.
Erzählen Sie es im Freundeskreis, berichten Sie Ihrem Buchhändler oder bewerten Sie bei Onlinekauf. Und wenn Sie Kritik, Korrekturen, Aktualisierungen haben, freuen wir uns über Ihre Nachricht an
Christian Verlag, Postfach 40 02 09, D-80702 München oder per E-Mail an lektorat@verlagshaus.de

Unser komplettes Programm finden Sie unter

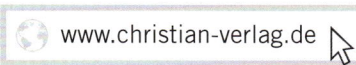

Alle Angaben in diesem Werk wurden von der Autorin sorgfältig recherchiert und auf den aktuellen Stand gebracht sowie vom Verlag geprüft. Für die Richtigkeit der Angaben kann jedoch keinerlei Haftung übernommen werden.

Bildnachweis
Peter Obenaus: S. 12–13 (alle); 21; 22; 23; 24; 26; 27; 28; 29; 31; 33; 39; 44; 47; 48; 50; 68–69; 73; 77; 82; 90; 101; 107; 108; 111; 113; 114; 117; 119; 127; 131; 136; 143; 182; 183
Jan Stephan Hubrich: S. 11; 14; 40; 133; 188-189
Armin Faber: S. 35; 42; 45; 55; 57; 58; 59; 61; 62; 63; 65; 70; 71; 74; 75; 79; 84; 87; 89; 91; 93; 95; 97; 98; 99; 104; 116; 124
Shutterstock/isaxar: Cover, S. 8, 18, 52, 122; Shutterstock/geniusky: 16; Shutterstock/Gianluca Foto: 80; Shutterstock/jo Crebbin: 81; Shutterstock/holbox: 85; Shutterstock/David Orcea: 102; Shutterstock/Jag_cz: 106; Shutterstock/FreeProd33: 112; Shutterstock/javarman: 121; Shutterstock/Gyorgy Barna: 132; Shutterstock/Vasilii Kireev: 138; Shutterstock/360b: 140; Shutterstock/rusty426: 144; Shutterstock/food.kiro: 145 (links); Shutterstock/Joshua Resnick: 145 (rechts); Shutterstock/graphia: 146 (links); Shutterstock/Phototasty: 146 (rechts); Shutterstock/VVDVVD: 147; Shutterstock/Bildagentur Zoonar GmbH: 178–179; Shutterstock/Larry Almonte: 180; Shutterstock/Olga Papova: Icon bei Pagina
Deutsches Wein-Institut: S. 36 (beide); 163
Sophie-Marie Balz: S. 151
Stefan Veres (Agentur Dominic Multerer): S. 171
Leif Carlsson: S. 167
www.fraumitschele.de: S. 175
Picture Alliance/dpa/Horst Galuschka: S. 7

Die Deutsche Nationalbibliothek verzeichnet diese Publikation in der Deutschen Nationalbibliografie; detaillierte bibliografische Daten sind im Internet über http://dnb.d-nb.de abrufbar.

© 2017 Christian Verlag GmbH, München

Alle Rechte vorbehalten.
ISBN 978-3-95961-091-9

Ebenfalls erhältlich ...

ISBN 978-3-95961-016-2

Der neue Weinguide fürs Essentielle! Guter deutscher Wein muss nicht teuer sein und Wein kaufen keine Kunst – mit dem neuen Weinführer.

ISBN 978-3-95961-108-4

Kennen Sie Craft Beer? Klar, aber welche lohnt es sich zu trinken? Das weiß Hopfenhelden-Bloggerin und Biersommelière Nina Anika Klotz.

www.christian-verlag.de